Te amo...
pero
soy feliz sin ti

Jaime Jaramillo

Papá Jaime

Te amo...
pero
soy feliz sin ti

Cómo vivir libremente,
sin apegos y sin miedos

AGUILAR

Te amo pero soy feliz sin ti

Primera edición en Colombia: septiembre, 2016
Primera edición en México: enero, 2017

D. R. © 2012, Jaime Jaramillo

D. R. © 2016, Penguin Random House Grupo Editorial, S. A. S.
Cra 5A No 34 A – 09, Bogotá – Colombia

D. R. © 2017, derechos de edición mundiales en lengua castellana:
Penguin Random House Grupo Editorial, S. A. de C. V.
Blvd. Miguel de Cervantes Saavedra núm. 301, 1er piso,
colonia Granada, delegación Miguel Hidalgo, C. P. 11520,
Ciudad de México

www.megustaleer.com.mx

D. R. © Penguin Random House / Patricia Martínez Linares, por el diseño de cubierta
D. R. © Azrul Yusuf / EyeEm / Getty Images, por la fotografía de portada
D. R. © Rafael Piñeros, por la fotografía del autor

ISBN: 978-607-314-984-6

Impreso en México – *Printed in Mexico*

El papel utilizado para la impresión de este libro ha sido fabricado a partir de madera procedente
de bosques y plantaciones gestionadas con los más altos estándares ambientales, garantizando
una explotación de los recursos sostenible con el medio ambiente y beneficiosa para las personas.

Penguin
Random House
Grupo Editorial

*A quienes inconscientemente han puesto su mente
donde no quería estar su corazón.*

Contenido

Introducción

He tenido la oportunidad de conocer y trabajar con miles de seres humanos en todo el mundo, desde los más santos e iluminados, hasta los criminales más despiadados, y lo que más me ha impresionado es ver cómo, a pesar de provenir de diferentes razas, culturas, religiones y clases sociales, la mayoría, en el fondo de su corazón, cuando los miro de cerca, están llenos de miedos, temores y apegos, con el sufrimiento presente en sus vidas permanentemente.

Existen muchos libros que hablan del apego y miles de técnicas usadas por psiquiatras y psicólogos que han transmitido a sus pacientes, siempre buscando vencer el apego, que tanto daño hace. La gente desesperada busca ayuda en las cartas, el tarot, los médiums, la regresión, la hipnosis, la magia o cualquier terapia dentro del amplio rango que ofrecen soluciones rápidas e instantáneas.

Tratamos con pañitos de agua tibia el efecto y las consecuencias, mas no la causa real del problema, que radica en nuestra manera de pensar, de experimentar el mundo a través de nuestros sentidos y en las creencias con que nos han programado. Recuerda que lo que tú crees es todo lo que has aprendido de acuerdo con el país donde vives, la condición social a la cual perteneces y la época en que viviste tu infancia y juventud. Pero debes entender que la verdad absoluta no es necesariamente todo lo que tú crees; por tanto, puedes cambiarla.

Lo que la gente no puede entender, comprender y procesar es que *la solución real,* para vivir sin apegos, no está en el exterior y no depende de nada ni de nadie, sino que, por el contrario, *está en el interior de cada ser humano.*

Un hombre que caminaba por la calle observó a una mujer que se arrastraba lentamente sobre el pasto, debajo de un faro de luz. Intrigado por lo que esta mujer hacía, se le acercó con la intención de ayudarla y le preguntó: "¿Señora, qué le ha sucedido? ¿Necesita ayuda?" "Sí, muchas gracias", replicó ella. "Estoy buscando las llaves de mi casa." Él, muy atento y servicial, se inclinó y comenzó a buscar las llaves. Transcurrió un largo tiempo y no las encontraron. El señor le preguntó a la señora: "¿Está segura de que sus llaves cayeron aquí? ¿Tiene usted idea de dónde ha dejado las llaves?" La señora le contestó: "Sí, por supuesto, las llaves se me cayeron en la calle de enfrente". Sorprendido, el hombre le preguntó: "Se puede saber, entonces, por qué las busca aquí, en lugar de allá?" Y la mujer le respondió: "Las busco acá porque hay más luz, conozco mejor este lugar y además es mucho más cómodo."

Así de absurdo, como lo que narra esta historia, es el apego. Buscamos nuestra libertad emocional y nuestra paz en el exterior, donde aparentemente vemos más luz, más comodidad y más placer, cuando en realidad debemos buscarlas en nuestro interior, aunque al comienzo aparentemente sea más incómodo, oscuro y difícil. Entonces, la solución para que realmente exista una transformación profunda, es espiritual. Cuando menciono espiritual no signfica que debas asistir a una iglesia por horas interminables o darte golpes de pecho, cayendo en fanatismos y sacrificios inútiles que desbordan la lógica y el sentido común, sino *lograr el estado natural de consciencia*, que es el amor, contrario al apego y al miedo.*

No quiero hacer una disertación científica, filosófica ni psicológica sobre el comportamiento humano; tampoco debatir teorías o hipótesis fundamentadas en un amplio espectro de investigación. Por el contrario, quiero proporcionar herramientas sencillas y eficientes que han ayudado a miles de personas en todo el mundo, sin importar su religión, cultura, edad y condición social, a salir de las garras del peor de los vicios, que para mí es el apego. Estas herramientas, producto de una amalgama entre lo poderoso de la espiritualidad de Oriente y lo bello que nos brinda el mundo real de la materia de Occidente, te darán la oportunidad de

---

*   *Conciencia*: conocimiento que se adquiere a través de las creencias y te da la capacidad de distinguir entre el bien y el mal.
Consciencia: conocimiento intuitivo que tienes de ti mismo y de todo lo que te rodea.

lograr tu paz interior y tranquilidad para explorar con independencia nuevas oportunidades y encontrarle significado y sentido a tu vida. Lo importante es que logres *vivir libremente, sin apegos y sin miedos.*

La felicidad viene con nosotros en el momento de nacer. No importa dónde nazcamos, bajo qué cultura o influidos por qué religión, o si nacemos ricos, pobres, bellos o feos. Todos podemos ser felices, ya que es nuestro verdadero estado natural.

No importa en qué situación específica te encuentres; lo importante es lo que hoy elijas y decidas hacer para salir adelante, ya que la única verdad es que si tú mismo no lo haces, nadie lo hará por ti. Recuerda siempre que *donde pones tu mente, allí estará tu corazón.*

Entendiendo
el apego

*Quien vive en el mundo del apego cierra las puertas
del paraíso y abre las del infierno.*

¿Qué es realmente el apego?

El humo pesado y el olor de la droga de aquel cementerio de almas en que me encontraba aquella fría noche en Bogotá, me hacían sentir por momentos tan extraño y lejano, pero al mismo tiempo tan cercano y común, que no podía entenderlo. En medio de aquella estrecha y tenebrosa calle donde hasta hace pocos años vivían muchos indigentes, conocida por todos como la "calle del cartucho", se me acercó una mujer anciana y encorvada, envuelta en harapos desgastados y sucios. Recuerdo sus ojos chupados entre sus cavidades, su cara totalmente arrugada, y una profunda expresión de dolor y angustia en el rostro. Al acercarse a mí, en vez de decirme Papá Jaime, como todos los habitantes de la calle, me dijo: "¿Jaime Eduardo, acaso ya no te acuerdas de mí?" No entendía cómo alguien que viviera allí pudiera mencionar mi nombre completo de pila, ya que las únicas personas que lo conocen son miembros de mi familia o personas muy cercanas que compartieron conmigo mis años de infancia o adolescencia, cuando estaba en mi ciudad natal.

De inmediato entendí que ella venía de allí. Por obvias razones, yo no tenía ni idea de quién se trataba.

Ella, con su inconfundible acento paisa, me contó que era Patricia, una muchacha que compartió conmigo algunos años de la adolescencia. No podía creer que aquella mujer, que en mis años de juventud me impactó por su belleza y garbo al andar, se hubiera convertido en una anciana que apenas podía caminar. En medio de mi sorpresa, la abracé fuerte y cálidamente. Podía sentir el temblor de su débil cuerpo y las lágrimas que comenzaron a escurrir por sus mejillas lavaron mi rostro. Finalmente paró de llorar, y me dijo: "Por favor, necesito que me ayudes. Llevo viviendo tres años esta vida, sumida en la droga, la angustia y el miedo."

Nos encaminamos a una pequeña tienda, que parecía más un burdel de mala muerte, donde la música estridente parecía hecha especialmente para ese sitio tenebroso y fúnebre. Al sentarnos, le dije: "Cuéntame, estoy listo para escuchar qué te sucede." Ella, con una mirada dispersa y llena de miedo, se aseguró de explicarme que la historia era larga. Le dije que tenía suficiente tiempo para escucharla, siempre y cuando ella quisiera realmente que yo le diera una mano para salir del infierno en que vivía. Me dijo: "Yo era una mujer feliz y de éxito; tú sabes, tenía todo lo que una mujer desea tener: una buena familia, un marido excelente, un bello hijo,una profesión, estabilidad económica, poder, prestigio y reconocimiento en mi círculo social. De un momento a otro, como si me hubieran hecho una brujería, mi vida se colapsó y todo comenzó a derrumbarse ante mis ojos: mi marido fue secuestrado y posteriormente asesinado; unos meses después, mi hijo murió; por si fuera poco, la empresa que tenía mi marido quebró y mi vida social se fue a pique. Empecé a visitar al psiquiatra y a utilizar antidepresivos. Me enamoré de él, quien estaba también pasando por una época muy difícil de su vida. Terminé alcoholizada y el vicio me fue arrastrando poco a poco, hasta llegar a perder todas las esperanzas de vivir. He pensado muchas veces en lanzarme bajo las ruedas de un carro o envenenarme, a ver si puedo descansar en paz con mi hijo en la otra vida."

Después de escucharla atentamente, le dije: "Tu problema radica única y exclusivamente en que has vivido tu vida dependiendo de las cosas y las personas, lo que te generó un apego desmedido. Cuando perdiste esas cosas, tu vida se derrumbó. Por estar sumida en esta angustia y desesperación, la vida, que es algo bellísimo, ha ido pasando por tu lado y no te has dado cuenta. Debes realizar un trabajo profundo hacia tu interior, para comenzar a recuperar tus ganas de vivir."

Así como Patricia, miles y miles de seres humanos viven sus vidas. Algunos llegan a tocar fondo, como en el caso de ella, pero otros en cambio viven engañados, aparentando estar bien, cuando en realidad sus vidas son unos verdaderos infiernos.

Vivimos en una sociedad en que de una u otra manera todos dependemos de otros para todos. Necesitamos quién nos surta de alimentos, vestido, medicinas, etcétera. Necesitar a los demás para estas cosas no está mal, ya que es una forma de intercambio de productos y servicios básicos para vivir. *El problema surge cuando no-sotros dependemos psicológica y emocionalmente de otras personas o dependemos de ciertas cosas,* ya sea poder, reputación, dinero, fama o aprobación para ser felices; y cuando no conseguimos lo que deseamos o poseer a quien queremos, nos perturbamos y perdemos lo que creemos es la felicidad. En ese momento nuestro deseo se convierte en apego y sentimos temor de perder a esa persona o cosa que supuestamente nos da la felicidad.

El apego se nutre del miedo y estos miedos son el origen de todo el sufrimiento humano; debido a estos miedos, desarrollamos un sistema de autodefensa o negación persistente que nos lleva al autoengaño. Tenemos tanto miedo de ser heridos que bloqueamos la percepción de la realidad, sumiéndonos en la inconsciencia. Cuando permanecemos dormidos e inconscientes, sufrimos y no entendemos que en el amor no existen obligaciones ni expectativas, mientras que en el miedo todo se basa en ellas.

Cuando aceptamos el apego en nuestras vidas, depositamos la felicidad en el exterior y en manos de los demás. Ya no depende de nosotros ser felices y empezamos a vivir condicionados. Entonces, nuestras vidas dan un vuelco total porque ya no se basan en el ser, sino en el *tener*; inconsciente y temerosamente estaremos siempre buscando la aprobación de los demás y no seremos felices si no tenemos todo lo que deseamos o si perdemos lo que ya habíamos conseguido. Es decir, cerramos las puertas de nuestro paraíso y abrimos las del verdadero infierno.

Tipos de apego

Experimentamos la vida a través de nuestros sentidos. A ella va llegando información variada de padres, maestros, medios de comunicación, compañeros de estudio, etcétera. Toda esta información está contaminada con creencias que vienen de tiempos remotos, llenas de miedo y temor, y constantemente están cambiando. Cuando permitimos que esas creencias se conviertan en nuestra verdad, la realidad se distorsiona, creamos nuestras propias creencias y empiezan a nacer diferentes tipos de apegos de acuerdo con las circunstancias que se vivien. Por eso todos los seres humanos tenemos, al mismo tiempo, diferentes tipos de apegos. Unos pueden ser más fuertes que otros, y algunos llegan a desestabilizarnos profundamente cuando perdemos lo que tanto necesitamos.

Existen tres tipos de apegos que se manifiestan de diferentes maneras en nuestras vidas. Ellos pueden cambiar, así como la intensidad con que creemos necesitarlos, de acuerdo con la etapa de nuestras vidas. Debemos mirarlos a profundidad para identificarlos y entenderlos.

Apego afectivo

Siendo adolescente, sentí por primera vez la presencia del apego afectivo en mi vida. Aún recuerdo los hermosos ojos verdes de quien fue mi primer amor. Llegan a mí de manera vívida sensaciones llenas de magia, inocencia, asombro y belleza. Durante esta etapa, todo giraba alrededor de ella y, sin darme cuenta, poco a poco fui dejando de lado asuntos importantes para estar junto a ella. Cuando esto comenzó, el amor que sentía se desbordó y se convirtió en una obsesión; lo que inicialmente fue un sueño se convirtió en un sufrimiento interminable, debido a los celos, la inseguridad y el miedo de perderla. A pesar de que aparentemente lo tenía todo, sentía un enorme vacío y una dependencia muy grande de ella.

Dada mi inexperiencia, llegué a pensar que para amar debía sufrir, como escuchaba en los boleros y tangos de Gardel de la época. Observé, también, cómo lo que yo sentía le ocurría también a mis amigos y familiares. La presencia del apego afectivo en las personas era silenciosa, constante y dañina.

En 1973, cuando comencé mi labor rescatando niños y niñas de las calles y alcantarillas de Bogotá, pude dimensionar la influencia poderosa del apego afectivo en las personas. Algo que me pareció increíble fue ver cómo niñas, adolescentes y mujeres que vivían en la calle, porque habían sido maltratadas o abandonadas por sus padres, rechazaban la oportunidad que yo les brindaba de tener hogar, amor y educación, debido al apego afectivo. Ellas preferían continuar viviendo en una alcantarilla pestilente, llena de excrementos humanos y ratas, o en la calle bajo un puente, con tal de seguir al hombre que supuestamente amaban y del que no podían escapar debido a su inconsciencia. Era mayor el temor a perder el supuesto amor, que el miedo que las embargaba permanentemente de morir asesinadas por los escuadrones de la muerte, maltratadas por su propia pareja, ahogadas en medio de las aguas negras que pasaban al lado de su "cambuche" o simplemente de hambre, frío o la violencia implacable que se vive en las calles. La mayoría de estas mujeres vivían allí con sus pequeños hijos, a quienes en medio de su desesperación decidían darles droga para que no sintieran hambre y frío. Todo esto se convertía en un círculo vicioso en donde el entendimiento y la razón se perdían.

Por otro lado, veía la manipulación y extorsión emocional de sus parejas: ellos, también llenos de miedo de perder a sus compañeras. A pesar de que no estaban todo el tiempo con ellas, exigían fidelidad absoluta, y si al regresar después de unos cuantos meses las encontraban con alguien, se descontrolaban de tal manera que podían tomar represalias que iban desde simples amenazas verbales, hasta golpes y puñaladas que podían terminar con la muerte de ellas o de sus nuevos compañeros. Muchos de estos muchachos se aferraban a la droga, viendo en ella una tabla de salvación cuando en realidad era la lápida sobre su mundo de angustia, desesperación y miedo.

Desde ese entonces, el tema del apego afectivo me ha apasionado. Soy un defensor innato del verdadero amor (no del apego), la individualidad, la libertad y la autonomía, que surgen como consecuencia del amor. Si las personas convivieran según estas bases, todo sería más armónico y no existiría tanto sufrimiento.

Con el transcurrir del tiempo, he conocido y vivido de cerca innumerables casos de apego afectivo. Creo que es uno de los peores vicios y el que origina un gran número de consecuencias nefastas. Durante nuestra vida, podemos sentir el apego afectivo por cualquier persona que se convierta en nuestra razón de ser. Puede ocurrir en una relación entre madre e hijo, esposo y esposa, novio y novia, o en cualquier relación donde se pierda la identidad, por estar viviendo a través de la otra persona. He visto casos de apego afectivo hasta por las mascotas con las que convivimos.

Cuando la persona no puede poseer a quien desea, la adicción afectiva hace su aparición. Entonces, trata de satisfacer ese deseo y llenar ese vacío con otras adicciones, que se producen inconscientemente en su propia mente. Adicciones a la droga, el alcohol, el trabajo, el sexo, el juego, la comida, entre otras; adicciones que finalmente se vuelven sus aliadas, llevando a la persona a estados depresivos o disfuncionales que, en casos extremos, conducen al adicto por el camino del sufrimiento, el homicidio o el suicidio.

El apego afectivo se manifiesta con mayor intensidad en las relaciones de pareja o ante la muerte de un ser querido.

La pareja

En nuestras relaciones de pareja, vivimos diferentes situaciones y acontecimientos que, de no saberlos manejar, pueden llevarnos a una vida mediocre y sin sentido.

Algunas personas, por múltiples miedos, como la pérdida de su estabilidad económica, el rechazo social, la estabilidad emocional de sus hijos, el sentirse pecadores e indignos ante la religión que profesan o simplemente por el temor a la soledad, deciden permanecer unidos a su pareja por muchos años. Como actúan en contra de sus principios y de la razón, llevan una vida miserable y desdichada. Lo más sorprendente es que muchas de estas personas no quieren salir de ese estado. Incluso, hay parejas que viven en un resentimiento silencioso, esperando la oportunidad de cobrar venganza.

Otras, en aras de ese supuesto amor, sacrifican su felicidad para complacer el ego de la otra persona y terminan igual que un esclavo: sometidas, pisoteadas, menospreciadas y burladas. Estas personas se olvidan de vivir sus propias vidas y sueños, para vivir solamente el sueño de los demás.

Existen también parejas que vivieron intensamente una relación pero que, por alguna razón, el amor se agotó, y se niegan a aceptarlo. Como mecanismo de defensa del ego, buscan la manera de compensarse a través de la esperanza, su herramienta preferida, generalmente asociada con el autoengaño, que les impide ver con claridad la situación. Su autoestima se ve afectada y vulnerada, se sienten atrapados sin salida y todos sus sentimientos se confunden. Fácilmente, pasan del amor y la alegría, al odio y la tristeza, y viceversa, con una simple llamada telefónica, un mensaje por Internet o una visita imprevista por parte de la persona que los abandonó.

Al perder a la persona objeto de su apego, terca y obstinadamente no aceptan la realidad ni quieren prescindir de aquello que les hace daño y está fuera de su control. Sienten que todos sus sueños se derrumban ante ellos, como un castillo de arena con la primera ola que lo cubre. Así, pasan años enteros, sumidos en la desolación y la tristeza, pensando que nunca podrán encontrar otra persona que llene ese vacío.

Por último, hay personas que consideran que no están apegadas a su pareja, ya que supuestamente comparten su vida de manera tranquila y estable. Estas personas solamente llegan a entender que viven apegadas cuando tienen un problema con su pareja y comienzan a sentir la angustia silenciosa debido al miedo a perder a esa persona. En este caso, el apego es invisible y fácilmente se confunde con el amor.

Nos hablan del amor incondicional y eterno. Me pregunto: ¿Qué hay más condicionado y fácil de perderse o acabarse que el amor de pareja? Y más cuando en algunos casos nuestros intereses, sueños y expectativas son diferentes a los de la otra persona. El amor verdadero se basa en la confianza, el respeto a la libertad y autonomía del otro; no manipula ni controla, simplemente aporta e inspira para compartir la vida con la del ser que amamos.

¿Por qué nos aferramos a ese ser humano que nos hace tanto daño? ¿Cómo amar realmente cuando aceptamos incondicionalmente dejar de ser lo que somos?

Existen muchos comportamientos totalmente ilógicos ante los ojos de los demás, pero las personas que se encuentran atrapadas en una relación de dependencia siempre buscan una razón para justificarlos. Ellas no pueden ver con claridad la realidad y llegan a hacer cosas totalmente extrañas con tal de conservar a la persona que dicen amar.

Cuando una relación de pareja está llegando a su fin, debes estar alerta; en ese momento, tu mente, que es cómoda e inconsciente, no querrá perder su poder de manipulación. Su herramienta predilecta es el chantaje emocional, desde una simple frase (me quiero morir; la vida no tiene sentido sin ti; me voy a suicidar; cómo me vas a hacer esto si he sacrificado toda mi vida por ti; piensa muy bien lo que haces porque te vas a arrepentir; si te quieres ir, vete, pero te dejo sin un peso), hasta gritos, desprecios, insultos, golpes, maltrato, abuso de alcohol y drogas e intentos de suicidio.

La muerte de un ser querido
Algunas personas depositan toda su felicidad en el ser humano con quien viven. Puede ser su pareja, sus hijos, sus padres, su familia o sus amigos. Si esta persona muere, es tanto su aturdimiento emocional, que no conciben la vida sin ella; pueden incluso desear haber muerto primero o junto con su ser querido. Sienten que la vida sin ellos ya no tiene sentido, es decir, que la felicidad quedó sepultada junto con quien murió.

Si este es tu caso, en este momento puedes estar experimentando una mezcla de muchas emociones. Puedes sentirte confundido, triste, angustiado, enojado, asustado, culpable o simplemente vacío. Puedes percibir que tus pensamientos se intensificaron y es imposible dominarlos, te cuesta trabajo dormir, comer o concentrarte en una tarea. Internamente, puedes estar luchando contra el dolor y aparentando que te encuentras bien para que los demás no decaigan o no se preocupen por ti. Esto y mucho más te puede estar sucediendo. Lo único cierto es que no deseas conservar más esa sensación, que es más fuerte que tú mismo.

La intensidad de los sentimientos y las emociones depende, en gran parte, de tu situación y del tipo de relación que sostenías con la persona que falleció. La circunstancia en la que esa persona murió puede influir en tus sentimientos. Por ejemplo, si padecía una enfermedad, quizás tuviste tiempo de procesar su muerte, aunque esto no implica que sea más fácil aceptarlo. Si ese ser querido sufrió mucho antes de morir, puede llegar a sentirse alivio. Si la persona murió de manera repentina, tu dolor y tus sentimientos pueden ser aún más intensos.

Esos sentimientos y otros más que experimentas, son normales. Las personas se preguntan si en algún momento volverán a vivir tranquilas como cuando tenían a esa persona, pues ya no pueden concebir la vida sin ella.

Para muchos, este proceso, conocido como el duelo, puede durar un tiempo y, poco a poco, recuperan la tranquilidad y la normalidad. Pero existen personas que no se reponen nunca; se sumergen en un sufrimiento intenso que puede llevarlos a estados lamentables. A estas personas les pregunto: ¿Por qué, a pesar de que el ser querido murió, no aceptan esa pérdida y eligen sufrir intensamente y perturbarse por periodos prolongados? ¿De qué sirve sentir ese dolor y ese sufrimiento? ¿A quién pueden beneficiar con ello? ¿Al ser que se fue o a quienes permanecen aquí?

Hoy debes entender que no hay nadie eterno en este mundo, que estamos aquí de paso, que debemos ir ligeros de equipaje y de la misma manera en que llegamos a esta vida nos vamos. El problema radica en que la creencia de nuestra sociedad acerca de la muerte es de no aceptación y sufrimiento. Es por eso que nos programan para que nos perturbemos, lloremos, guardemos luto y vivamos amargados por periodos muy prolongados de tiempo para supuestamente honrar la memoria del difunto e inconscientemente llamar la atención e inspirar lástima en los demás. De no hacerlo así, seremos irrespetuosos y la sociedad nos juzgará de manera implacable y nos condenará.

Existen dos opciones para asumir la pérdida de un ser querido:

- Si te vuelves rebelde, terco, orgulloso y no aceptas la voluntad de Dios, tomando la decisión de vivir el resto de tu vida aferrado a la persona que perdiste, entonces sufrirás. Podrás vivir en duelo el resto de tu vida, lamentándote y desgastándote emocionalmente en una lucha interminable por no aceptar esa realidad.

- O por el contrario, si tomas consciencia y comprendes que, quieras o no, ese ser que tanto querías ya no estará más contigo, aceptando con humildad y resignación que tú no tienes el poder para manipular los acontecimientos externos, no sufrirás. Entenderás que todo pasa y todo fluye.

Las situaciones descritas anteriormente están llenas de interrogantes. Posiblemente estarás confundido y no puedas comprender que existe una solución para salir de la crisis. Ello se debe al aturdimiento en que te encuentras. Aunque no lo creas, a pesar de tu dolor, si abres tu mente a nuevas posibilidades, verás que lograrás superarlo. La decisión está en tus manos. Quedarte en el hueco en que te encuentras o puedes salir de él y ver el mundo desde otra perspectiva que traerá alegría, paz y felicidad a tu vida.

Apego material

Nací en una familia tradicional del centro de Colombia, donde el amor y la unión familiar son muy importantes. Manizales, ciudad que llevo en mi corazón y donde pasé los mejores años de mi infancia y adolescencia, se ha caracterizado especialmente por la fuerte distinción entre clases sociales. El hecho de que una persona fuera de "buena familia" estaba totalmente unido con el tener suficiente dinero y poder; cuanto más dinero tenías, eras de mejor familia. Así, crecí en medio de muchísimas creencias respecto a lo importante que era tener dinero, triunfos y poder para aparentar ante los demás, y para, supuestamente, ser feliz. Mi vida siempre estuvo marcada por la inclinación de ayudar a los más desprotegidos; por ello, generalmente fui criticado y considerado "fuera de lo común".

Por esto y porque nunca me regí por lo que la sociedad dijera que debía hacer o no, desde pequeño fui visto como un "loco", diferente. Aunque traté de que mi vida fuera regida por mi espíritu y no por lo material, poco a poco me fui contaminando con estas creencias de poseer y desear. Pasaron los años y paralelo a mi trabajo por los más necesitados, fui desarrollando una carrera profesional que me llevó a tener grandes triunfos. Llegó un momento de mi vida en el que el dinero, el reconocimiento y el poder se convirtieron en lo más importante para mí. Fui galardonado con muchos premios alrededor del mundo, tanto por mi desempeño profesional como por mi aporte a la humanidad en el campo de la paz, la niñez desamparada y los derechos humanos. A pesar de que ese mundo era encantador, yo trataba de mantener un equilibrio, fortaleciendo mi espíritu diariamente, ya que nunca consideré que eso era lo que realmente me brindaba paz y tranquilidad.

Años más tarde, llegó lo inesperado. De un momento a otro, mi vida se transformó totalmente y perdí absolutamente todas las cosas materiales que había obtenido.

En ese momento, parecía como si al perder el dinero, también perdiera a quienes consideré mis amigos. Por primera vez en mi vida, me sentí atrapado sin salida; creí que el cielo y la tierra se derrumbaban. Sentí lo que era no tener dinero, ni posibilidad aparente de salir de ahí. En medio de toda esta confusión y oscuridad, cuando creía que todas las esperanzas se habían perdido, ya que las soluciones posibles que el mundo me ofrecía no se me daban, por primera vez decidí buscar la luz y la solución en mi mundo interior. Fue en ese maravilloso instante cuando desperté de mi inconsciencia y me di cuenta de que lo que había vivido hasta ese momento era una pesadilla, ya que todas las cosas que había obtenido y que creía que eran la fuente de mi felicidad, en ese momento, eran la raíz y la causa de mi infelicidad y sufrimiento. Hoy, doy gracias a Dios, porque ese camino espiritual que inicié desde niño me dio la sabiduría y madurez suficientes para resolver y salir adelante de este golpe que para mí fue una gran experiencia, porque desde ese momento mi vida dio un vuelco total y me liberé de todas las cadenas que me hicieron sufrir.

Así como yo corrí con la suerte de encontrar la riqueza interior que estaba en mi corazón, para actuar y salir adelante, por su parte, mi socio, infortunadamente, se dejó arrastrar por la angustia y el miedo de haber perdido todo y, ante esta situación, reaccionó de manera equivocada tratando de quitarse la vida. En medio de su desesperación, tomó una pistola, se dio un tiro en la sien, con la firme intención de matarse, pero por alguna inexplicable razón no logró su objetivo; la bala salió por uno de sus ojos, dejándolo ciego y semiparalítico de por vida.

Cuando las personas centran su felicidad en tener y poseer, llegan fácilmente a donde nunca jamás hubieran querido llegar: vivir con una persona con la que no quieren estar; hacer trabajos que odian realizar; estar en la calle llevados por la droga y el vicio; permanecer encerrados por el resto de sus vidas en una cárcel, ya que en su afán de poseer se obsesionan y cometen delitos en medio de su inconsciencia; o, en casos extremos, intentar quitarse la vida.

He visto a miles de personas en el mundo que sufren y acaban con sus vidas cuando tienen un fracaso económico, y también veo a diario otras que sufren y se desgastan emocionalmente por miedo a perder los bienes y pertenencias que han conseguido.

Todo esto se debe a que desde muy niños nos educan en el tener y el poseer cosas materiales y *nos hacen creer que la felicidad radica en tener, poseer y ostentar.* Por esta razón, caemos fácilmente en el engaño y en la trampa mental de suponer que valemos más por lo que tenemos y no por lo que somos.

Lo único cierto es que puedes ser recordado como el hombre más rico del cementerio, pero la realidad es que en tu viaje a la eternidad no podrás llevarte absolutamente nada, ni ninguna de tus riquezas ni posesiones materiales por las cuales sacrificaste tu vida.

En una ocasión, un gran maestro de la espiritualidad, que predicaba todo el tiempo la importancia de desprenderse de las cosas materiales, fue invitado por sus discípulos a una feria artesanal de Oriente, adonde llevaban diversos productos importados de otros continentes. Al entrar en el primer pabellón, el maestro tardó en recorrerlo el triple de tiempo que todos los demás. Sus discípulos, extrañados, se volvieron a ver por qué razón el maestro se tardaba tanto. Lo encontraron, para sorpresa de ellos, completamente absorto y embelesado, contemplando uno por uno todos los objetos importados que había en ese lugar. Sus discípulos, sin saber qué pasaba, le preguntaron: "Maestro, tú que hablas tanto de la espiritualidad y del desprendimiento, ¿por qué te has demorado tanto en recorrer esta lujosa sala?" El maestro, sonriendo, los miró a los ojos y les dijo: "Queridos discípulos, tienen toda la razón; mi demora se debe a que estoy totalmente asombrado y perplejo de ver la cantidad de cosas materiales que no necesito para ser feliz."

Apego ideológico

Una hermosa mañana, cuando venía descendiendo de la montaña, después de mi meditación diaria al amanecer, entré en un bosque de eucaliptos y me encontré con algo que me dejó sin respiración. No podía creer lo que mis ojos estaban viendo; el terror, el pánico y la confusión se apoderaron de mi mente. Tenía ante mí el cuadro más sanguinario y despiadado que hubiera visto hasta ese momento.

Regados por el piso, golpeados y ensangrentados, se encontraban ante mí un montón de niños y niñas de la calle que habían sido asesinados. Para mi sorpresa, la mayoría eran conocidos míos. Estaban el Paisa, Pedrito, el Chinche, la María, la Mocosa y Sandra, entre otros. Cuando vi este cuadro desgarrador y sin entender lo que sucedía, entró en mí un sentimiento y una fuerza inmensa que me movió a investigar y mover cielo y tierra para descubrir qué había detrás de aquella masacre. Fue así como descubrí el secreto que muchos conocían. Existía una manera de pensar acerca de la problemática de los niños de la calle que había ido tomando fuerza y cada vez arrastraba a más gente. "La única manera de rehabilitar un niño de la calle es asesinándolo, porque así no tendremos que reformar al criminal del mañana." Era la idea que tenía un grupo de personas inescrupulosas, llenas de resentimiento y sed de venganza, y por lo cual constituyeron lo que en su momento se llamaron los "escuadrones de la muerte". Su objetivo era "limpiar" las calles de niños y niñas que ellos consideraban "desechables".

Así como hechos aislados y únicos como éste suceden por un modo de pensar y sentir, si analizamos un poco la historia de la humanidad, vemos que, detrás de cada guerra y cada acontecimiento bárbaro, siempre ha existido un apego ideológico, una creencia falsa o un fanatismo extremista. Generalmente, por tratar de defender esas ideas, en nombre de Dios o de la paz del mundo, de un país, de una religión, de un partido político, de un equipo de futbol, o de una causa cualquiera, arriesgan sus vidas y las de personas inocentes, sin importar las consecuencias nefastas.

De igual manera, dependiendo de dónde nazcas y qué hayas vivido, puedes tener una serie de ideas a las cuales te has apegado, no las sueltas y crees que son tu única verdad. Puedes estar, por esta razón, sufriendo o haciendo sufrir a las personas que están a tu alrededor.

La decisión está en tus manos

Si tu pareja te dejó o te fue infiel, si murió un hijo o un padre, si no estás conforme con la relación que tienes y quieres mejorarla, si perdiste dinero y cosas materiales que eran importantes para ti y tu vida se ha convertido en un caos, si crees que no eres feliz porque no tienes el dinero que quisieras, si consideras que tus creencias o ideologías, sean políticas, religiosas o sociales, te causan dolor o simplemente necesitas un nuevo aire en tu vida, *la solución está en tus manos.* No importa cuál sea tu situación; realmente, la solución es la misma para todos, y cada uno debe recorrer su propio camino. Es el momento de tomar decisiones drásticas, ya que, con seguridad, lo que sientes te está desgastando y no te deja ser feliz. *Es importante actuar cuanto antes y dejar ese estado de pasividad, inconformismo, tristeza o ansiedad que te rodea.*

En la India, había un maestro que poseía toda la sabiduría del mundo y que trabajó toda su vida para alcanzarla. En ese mismo pueblo, vivía un niño muy malicioso que quería engañar al sabio. Para conseguirlo, tomaba diferentes objetos entre sus manos, iba donde el sabio y le preguntaba: "Sabio, ¿qué tengo entre mis manos?" Con mucha paciencia, el sabio le respondía siempre lo mismo: "Tienes una piedrita roja y blanca." El niño comenzó a desesperarse, porque cada vez que visitaba al sabio él adivinaba qué cosas tenía entre las manos. Siempre le decía: "Tienes una canica, una piedra, una bolita blanca…" En cierta ocasión, el niño quiso engañar al sabio. Pensó y pensó, hasta que finalmente se decidió: "Ya sé; buscaré un árbol donde haya un nido con pajaritos, tomaré uno entre mis manos, iré donde el sabio y le preguntaré: '¿Qué tengo entre mis manos?'; él me dirá que tengo un pajarito. Entonces, le preguntaré si está vivo o muerto. Si me dice que está vivo, lo apretaré hasta matarlo; luego abriré las manos y le diré que falló, porque el pajarito estaba muerto. Pero si me dice que está muerto, entonces, abriré las manos para que el pajarito vuele y él verá que se equivocó."

Con este plan maquiavélico, el niño se puso muy contento porque finalmente podría engañar al sabio. Buscó el árbol, encontró el nido y también al pajarito, lo tomó entre sus manos, fue a ver al viejo sabio y le preguntó: "¿Qué tengo entre mis manos?" El sabio le respondió: "Tienes un pajarito." El niño se puso muy contento porque el plan iba viento en popa; entonces, le dijo: "Es *cierto, tú eres un sabio grande y nada es imposible para ti; pero dime, ¿el pajarito está vivo o está muerto?" El viejo sabio, con la serenidad que lo caracterizaba, le respondió: "Querido hijo, esa decisión está en tus manos. Puedes elegir lo que quieras hacer con el pájaro: dejarlo vivir o matarlo. "*

La decisión de lo que realmente quieras hacer con tu vida está en tus manos. *Eres el único que puedes elegir y decidir qué hacer.* Si abres tu mente y tu corazón, podrás ver más allá de tus apegos y entender cuál es la verdadera esencia del amor. En ese momento, te liberarás y podrás volver a nacer y ya nada ni nadie te harán sufrir.

El despertar,
una solución
espiritual simple

*Algunas personas viven como si nunca fueran a morir
y mueren como si nunca hubieran vivido.*

Algunas personas nacen, crecen, sobreviven y mueren sin darse cuenta de que estaban dormidas. Unas, en su lecho de muerte, despiertan y entienden que desperdiciaron sus vidas, pero ya es tarde; otras, que podrías ser tú, toman consciencia, eligen y deciden actuar para salir del estado de inconsciencia y disfrutar la vida tal como es.

Al terminar una conferencia, se me acercó una señora y me dijo: "Te pido un favor grandísimo. Quiero que hables con mi padre que está en su lecho de muerte en el hospital; tiene una enfermedad terminal y ha sufrido mucho tiempo." Cuando llegué al hospital, hablé con el padre de la señora. Estaba muy angustiado y confundido, pues no podía encontrar la raíz de su sufrimiento, insatisfacción y frustración. Le pregunté cuáles habían sido sus logros y las cosas más importantes en su vida. Al cabo de un rato de conversar y reflexionar, con lágrimas en sus ojos, finalmente entendió que había perdido toda su vida tratando de tener, poseer, atesorar, buscando siempre ser aprobado y reconocido, y que realmente había llevado una vida de dolor, sufrimiento y angustia. Cuando tomó consciencia y despertó de ese letargo y quiso hacer algo, ya no podía, era muy tarde.

Pero se sintió feliz de entenderlo antes de morir y, desde su lecho de muerte, dejó un lindo legado a sus hijos y nietos al contarles cómo desperdició y malgastó su vida.

¿Te has preguntado, entonces, si lo que consideras tu felicidad no será la causa de tu miedo, tensión, frustración o ansiedad? ¿Has pensado, entonces, si toda esa tensión, ansiedad y miedo para conseguir esas cosas que deseas valen la pena? Te invito a hacer un ejercicio sencillo. Cierra las ventanas de tu exterior y, con los ojos totalmente cerrados, piensa en el ser querido que tanto amas e imagínate tu vida sin él. ¿Sientes que la vida no tendría sentido? ¿Que sin esa persona no podrías ser feliz? ¿Qué tal si yo te dijera que sin esa persona puedes ser feliz? Probablemente me dirás que estoy loco, que cómo puedo decirte esa estupidez, que yo soy el que está dormido.

Pero vuelvo y te repito: ¿Qué preferirías entonces? ¿Sentir que puedes ser feliz, esté o no esa persona a tu lado o sentir que sin esa persona no serás feliz?

Piensa en ese ser que en este momento te ha hecho sentir angustia, tristeza y amargura. ¿Crees que esa amargura, ese dolor, esos malos sentimientos están en ese ser? No; estás equivocado. Esos malos sentimientos no están en ese ser. Están en ti, en tu forma de percibirlos y eso duele. No quieres aceptar la realidad, prefieres el autoengaño, porque eso te mantiene inconsciente.

Hay gente que muere dormida creyendo que fue feliz y lo único que vivió fue dolor, sufrimiento y angustia de perder lo que aparentemente la hacía sentir bien.

Nos han hecho creer que el ciclo natural de la vida es primero tener, luego hacer y finalmente ser, cuando en realidad primero debemos ser, luego hacer y por último tener.

Lo primero que debemos hacer, entonces, es despertar nuestra consciencia y trabajar desde ese estado de consciencia del ser; así educan a los discípulos en Oriente y no como hacemos en Occidente, donde nos han adiestrado en la inconsciencia del tener.

Todo extremo es vicioso y considero que el fanatismo por cualquier doctrina, religión o filosofía destruye implacablemente los derechos naturales del ser humano a ser feliz, haciendo que, en muchos casos, se pierda su individualidad y su identidad.

En Occidente, es común ver cómo las personas centran su felicidad en las cosas materiales, en el culto al cuerpo o en las demás personas, lo que genera un constante sufrimiento, relegando la espiritualidad a un segundo plano. En el otro extremo, es común encontrar en Oriente seres que viven la filosofía del desprendimiento total de lo material, libres de todo apego, especialmente afectivo, y en busca de la anhelada iluminación. Algunos de ellos, en esta búsqueda, se aíslan totalmente del mundo material, dejan de lado a sus seres queridos y todo lo bello que nos brinda la vida en el mundo real.

Considero que, vsi vivimos en equilibrio lo haremos plenamente; por ello, realicé una amalgama entre lo poderoso de la espiritualidad de Oriente y lo bello que nos brinda el mundo real de la materia de Occidente.

Para despertar y salir de nuestro estado de inconsciencia, debemos seguir unos pasos sencillos.

Los frutos de este proceso se cosecharán de acuerdo con tu compromiso y la fe, pasión y amor que le inyectes. El proceso está diseñado para que experimentes, proceses y desarrolles la evolución de tu consciencia. Partiremos del estado mental estático y paralizante, donde identificarás el porqué de lo que te sucede en este momento. Es decir, te darás cuenta de que estás dormido y quizás no quieres despertar. A continuación, entraremos en un estado de entendimiento, donde evaluarás cómo vives tu vida, debes estar con una mente abierta, dispuesta a cuestionar todos tus condicionamientos y sistemas de creencias para desaprender todo lo que has creído que es la verdad. Finalmente, llegarás a un proceso de desprendimiento y liberación con el que podrás aprender algo nuevo que te llevará a un estado de consciencia superior, *soportado en la visualización creativa, la meditación y el servicio a los demás*. En esta última parte, encontrarás las herramientas necesarias para comprender, fluir, aceptar, apreciar y llegar a la tan anhelada paz interior.

Durante este proceso, analiza cada cosa y procesa la información, mas no te aceleres ni esperes obtener resultados inmediatos. Deja que las cosas fluyan; todo lleva su tiempo. Lo importante es que le imprimas una acción eficiente, diaria y continua. No desfallezcas cuando por un momento creas que no obtienes los resultados esperados.

> *En cierta ocasión, un niño observaba con mucha atención el capullo de una larva. Vio que adentro había un pequeño gusanito tratando de salir. Con todo el amor que un niño puede tener en su corazón, abrió el capullo con sus dedos y permitió que el gusanito saliera. Lo que el niño nunca pudo comprender fue que al acelerar el proceso natural del gusanito de seda y ayudarlo a salir de allí, sus alas no tuvieron tiempo para formarse y nunca llegó a ser mariposa.*

Si a la larva no se le interrumpe el proceso natural de crecimiento, se convierte en oruga y finalmente vuela y se convierte en una colorida y hermosa mariposa.

Lo mismo ocurre con nosotros, los seres humanos. Podemos vivir en estado pasivo de inconsciencia toda nuestra vida o despertar nuestra consciencia para eliminar el sufrimiento y posteriormente trascender a un estado más elevado de consciencia, donde reine el amor puro y la paz interior. Todos poseemos la capacidad de elegir con libre albedrío qué queremos ser, dónde estar y a dónde llegar, pero eso implica un proceso. Debemos estar dispuestos a vivir cada fase de manera profunda, para alcanzar la paz y la tranquilidad interior.

> *¿Cómo aprender realmente a escuchar la voz del corazón? El camino real al despertar está basado únicamente en la espiritualidad.*

La magia
de la espiritualidad

Sólo existe el amor en el aquí y en el ahora;
la espiritualidad en la máxima expresión.
Es el eterno presente.

Desde niño, de modo inconsciente, buscaba la espiritualidad y trabajé durante muchos años, con insistencia, para alcanzarla. Esto me llevó a conocer innumerables maestros y seres iluminados en la India, en las montañas del Tíbet y otros países, donde tuve la oportunidad de encontrar personas que aportaron algo a mi búsqueda. Siempre anhelé encontrar el secreto de su paz interior. Quería saber qué era lo que los hacía diferentes. Finalmente, entendí que la espiritualidad no se encontraba en una Iglesia, un culto, un hábito o un monasterio aislado en el Himalaya.

Comprendí que no está en el exterior, sino en mi interior; que la espiritualidad no era una meta, sino cada paso que daba en mi camino, de manera consciente, comprendiendo, aceptando sin perturbarme y disfrutando plenamente lo que llegaba a mi vida, sin importar qué acontecimiento fuera. Encontré que la dicha (para mí es un estado superior de consciencia por encima del placer y que trasciende el dolor) estaba dentro de mi corazón cuando yo estaba en el espíritu, no en la forma, que es la materia. Cuando abandono la forma y penetro en mi espíritu, me adentro en un estado de inspiración, vuelo con el espíritu. En ese momento, nada, absolutamente nada, tiene el poder de perturbarme.

En conclusión, la verdadera espiritualidad consiste en que nada, ni nadie, ningún acontecimiento puede perturbarnos. Y si por alguna razón en algún momento algo nos perturba, la espiritualidad nos da el poder de elegir conscientemente y hacer a un lado lo que nos causa sufrimiento.

La espiritualidad te da la oportunidad de observar tanto tus fortalezas como tus debilidades, y te da sabiduría para aceptar tus debilidades y utilizar mejor tus fortalezas.

Un cargador de agua en la India tenía dos grandes vasijas que colgaban de los extremos de un palo que llevaba sobre los hombros. Una de las vasijas tenía una grieta, mientras la otra era perfecta y entregaba el agua completa al final del largo camino a pie desde el arroyo hasta la casa de su patrón. Al llegar, la vasija rota sólo contenía la mitad del agua.

Por dos años completos, cada día ocurría lo mismo. La vasija perfecta se sentía muy orgullosa de sus logros; cumplía con su tarea. Pero la pobre vasija agrietada estaba muy avergonzada por su imperfección y se sentía miserable: sólo cumplía con la mitad de su cometido.

Después de dos años, le dijo al aguador: "Estoy avergonzada y me quiero disculpar contigo." "¿Por qué?", le preguntó el aguador. "Porque debido a mis grietas, únicamente entregas la mitad de mi carga y sólo obtienes la mitad del valor."

El aguador se sintió muy apesadumbrado por la vasija y le dijo compasivo: "Cuando regresemos a la casa del patrón, quiero que veas las bellísimas flores que crecen a lo largo del camino."

En efecto, había muchísimas y hermosas flores, pero de todos modos seguía muy apenada porque al final sólo llevaba la mitad de su carga.

El aguador le dijo: "¿Te diste cuenta de que las flores sólo crecen por el lado que tú vas? Siempre supe de tus grietas y quise obtener ventaja de ello; sembré semillas de flores a todo lo largo del camino y todos los días tú las has regado. Durante dos años, he podido recoger las más lindas flores para adornar el altar de mi maestro."

San Francisco de Asís, en un lindo pasaje, decía: "Dios, concédeme la serenidad para aceptar las cosas que no puedo cambiar, dame el coraje para cambiar las que sí puedo y sabiduría para entender la diferencia que hay entre ellas".

Para entender realmente la espiritualidad y la relación que existe entre cuerpo, mente y espíritu, es importante comprender primero el concepto simple de energía y materia que conforman tu ser integral.

Existen diferentes campos de energía que rodean tu vida. Ellos se manifiestan en el cuerpo físico, en el campo mental y en el de la consciencia a través de tus emociones. De igual manera, en cada uno de estos campos vibras en diferentes frecuencias. Si las energías que manejamos son inferiores, es decir, que tu emoción es negativa (rabia, rencor, celos, envidia, manipulación, miedo, frustración, culpabilidad, etcétera), vibrarás en una frecuencia muy baja, que te lleva fácilmente a la ansiedad y la depresión, a experimentar un vacío interior que nada ni nadie puede llenar. Si por el contrario las energías que manejas son superiores, es decir, que tu emoción es positiva, vibrarás en una frecuencia más alta que te liberará del mundo de las formas y de la materia, para encontrar el amor verdadero y tu anhelada paz interior.

Para lograr la paz interior y la armonía total, debe existir un balance apropiado entre cuerpo, mente y espíritu, los cuales se mueven en estos diferentes campos energéticos.

Nuestro cuerpo está compuesto de cuerpo físico y energía.

El *cuerpo físico* es como nos vemos, como genéticamente estamos definidos desde la concepción. Muchos nos preocupamos del cuerpo, el cual necesita ejercicio físico, buenos hábitos alimenticios y un buen cuidado, en general. Si tenemos un problema en nuestro cuerpo, es fácil detectarlo, porque los síntomas se reflejan inmediatamente como enfermedad, dolor y pérdida de energía. Trabajar el cuerpo y ver los resultados es sencillo, ya que es algo tangible, lo ves y lo sientes. Debes entender que tu cuerpo es el vehículo que puede llevarte a experimentar estados de consciencia más altos cuando tu mente se conecta con tu corazón.

La *energía* es el motor que nos impulsa a actuar y está directamente ligada a nuestras emociones. Por ejemplo, cuando estoy deprimido, hay ausencia de energía o baja circulación en la base gangliar de mi cerebro. Esta energía se liga al campo físico, ya que conviven y comparten el mismo espacio todo el tiempo. Si tu cuerpo físico se encuentra en buen estado, tu cuerpo energético también lo estará y viceversa.

Todas tus emociones son reguladas por la mente. La mente se nutre de pensamientos, negativos o positivos. Si tienes pensamientos positivos y los sostienes en el tiempo, generarás bienestar; pero si tienes pensamientos negativos, esos son los que manejarán tu vida, generarán malestar y será lo que atraerás a tu vida.

Por encima de la mente, se encuentra el intelecto, a través del cual conceptualizas, racionalizas e identificas los procesos mentales que llevas a cabo.

Un hecho que casi nadie puede creer y nos resistimos a aceptar, es que el ego está por encima de todos los campos anteriores. El ego controla estos campos. El gran problema es que el ego está contaminado por la programación recibida durante la infancia y la adolescencia en nuestro entorno familiar, escolar y social. Debido a estas creencias, el ego siempre busca reconocimiento, aprobación, adulación; manipula o controla para conseguir lo que quiere, y nos obliga a hacer lo que no queremos, a pesar de que el intelecto sabe qué no nos conviene y qué nos hace daño.

La mayoría de los seres humanos viven así, es decir, sobreviven y no disfrutan plenamente su vida. No entienden y ni siquiera saben que existe otro campo desde el cual pueden resolver los problemas.

Quiero que hoy entiendas que hay una solución espiritual sencilla a cada uno de los problemas que has creado al manejar un campo superior de consciencia por encima de tu cuerpo, tu mente, tu intelecto y tu ego. Al comprender esto, darás el primer paso a tu despertar.

Ese es el campo de la consciencia pura. Para acceder a él, debes desprenderte de los miedos producidos y creados en el mundo de la forma, de la materia, que son pesados y que nos hacen vibrar en una frecuencia baja. Son campos de energía inferiores que te amarran. Al liberarlos y entrar en el campo del espíritu, estarás inspirado, tendrás un nuevo aire y estarás en tu esencia pura que es el amor. Así como un rayo de luz dispersa la oscuridad, *el amor dispersará el temor.*

La visualización creativa y la meditación son las herramientas que te guiarán para evolucionar en este campo; pero lo que te potencializa y te ayuda a evolucionar, crecer y trascender en este campo infinito e intangible es *el servicio amoroso a los demás*[1] y a todo lo que te rodea, sin esperar ningún tipo de compensación.

---

1. En su libro *Volver a lo básico* (pp. 167-192), el autor desarrolla detalladamente este tema.

Si logras avanzar hasta ese punto, entrarás al máximo estado superior de consciencia universal: el amor verdadero.

Para entender y procesar este hecho más fácilmente, quiero explicarte lo siguiente:

Podemos experimentar la vida desde tres posiciones perceptuales:

- Primera posición: *Estoy totalmente involucrado.*
  Estoy experimentando y sintiendo, a través de todos mis sentidos, el acontecimiento que sucede en mi vida. Por ejemplo: Quien me hacía feliz me abandonó o perdí lo que me daba placer y seguridad. En ese momento, al estar totalmente involucrado, puedo sufrir por el dolor que me causa el perder eso.
- Segunda posición: *Soy un testigo externo.*
  Cierro mis ojos y me disocio del momento que estaba viviendo y veo como si yo fuera otro observador diferente a mí. Veo cómo esa persona (yo mismo) está sufriendo por lo que perdió. Soy un observador estático, no siento físicamente el contacto con el acontecimiento que sucede en mi vida, pero sí puedo ver el sufrimiento, como si le estuviera ocurriendo a otra persona. En esta posición, puedo elegir asociarme con esa emoción negativa y potencializarla o, por el contrario, de modo consciente liberarla para que no me afecte.

- Tercera posición: *Soy un observador consciente y apreciativo.*

  Es una posición más elevada donde observo con otros ojos, con los ojos de Dios, el acontecimiento que tengo frente a mí. En esta posición, podré ver ese acontecimiento tal cual es, no como yo creía que era o como tercamente quería que fuera. En este momento, podré elegir o tomar las decisiones adecuadas para liberarme del sufrimiento que padezco. Una vez tomada la decisión, dejo que las cosas fluyan y no permito que mi ego aparezca y oponga resistencia, porque todo aquello a lo cual me resisto más persistirá y me debilitará.

Experimentarás el estado de consciencia universal cuando vivas realmente tu vida desde esta tercera posición; cuando veas la realidad tal cual es, la aceptes, la disfrutes y fluyas en constante apreciación de las cosas simples de la vida. Es decir, en este estado no hay sufrimiento, no hay perturbación ni dolor. Solamente existe el amor en el aquí y en el ahora; la espiritualidad en su máxima expresión. Es el eterno presente.

Una vez un rey ofreció un gran premio al artista que pudiera captar en una pintura la paz perfecta. Muchos artistas lo intentaron. El rey observó y admiró todas las pinturas, pero solamente hubo dos que realmente le gustaron y tuvo que escoger entre ellas:

La primera *era un lago muy tranquilo. Este lago era el espejo perfecto donde se reflejaban las plácidas montañas que lo rodeaban. Sobre ellas, se encontraba un cielo muy azul con tenues nubes blancas. Todos los que miraron esta pintura pensaron que reflejaba la paz perfecta.*

La segunda *pintura también tenía montañas, pero eran escabrosas. Sobre ellas, había un cielo furioso del cual caía un impetuoso aguacero con rayos y truenos. Un espumoso torrente de agua parecía retumbar montaña abajo. Aquí, nada parecía pacífico.*

Cuando el rey observó detenidamente, descubrió tras la torrencial cascada un delicado arbusto que crecía en una grieta de la roca; el arbolito tenía en una de sus ramas un nido. Allí, en medio del rugir de la violenta caída de agua, reposaba plácidamente un pajarito en su nido… La paz perfecta.

El rey escogió la segunda pintura y dijo: "Paz no significa estar en un lugar sin ruido, sin problemas, sin trabajo duro o sin dolor. Paz significa que, a pesar de estar en medio de las vicisitudes, seamos capaces de mantener la calma dentro de nuestro corazón. Ése es el verdadero significado de la paz."

La espiritualidad está dentro de ti y cuando empieces a caminar en ella verás que todos los problemas generados por tu mente inconsciente se disuelven en un instante. Por eso, considero que la espiritualidad es la solución más simple y la que te llevará a encontrar tu paz interior.

Observa el siguiente ejemplo de una persona que está inconsciente, sufriendo, debido a que ve todo desde un punto de vista material y no ha entendido que la única solución es ir a un estado de consciencia más alto. En este nivel de inconsciencia, las personas apegadas se desenvuelven y tratan angustiosamente de vivir la vida.

Una mujer se ilusiona con un hombre que le garantiza estabilidad emocional, económica, paz y felicidad. Después de la conquista, se casan; al poco tiempo, ella se da cuenta de que todo fue una ilusión, que vive una pesadilla, ya que el hombre la desprecia, la insulta y la hace sentir como un insecto. Entonces, le dice que él necesita tiempo para estar solo, porque está pasando por un momento muy trascendental en su vida. Y le pide que se den un tiempo.

¿Qué sucede en ese momento? La mente de esta mujer dispara miles de pensamientos negativos, asociados en la mayoría de los casos con un alto índice de miedo, dolor, rabia y frustración. Ella siente miedo al perder esa ilusión creada en su mente. Miedo a perder su comodidad, la estabilidad emocional y económica, a volver a estar sola y al qué dirán los demás cuando se enteren de que su matrimonio no funcionó.

Su intelecto sabe que ese hombre no era el que ella anhelaba. Desde el principio, lo observó a través de diferentes situaciones, pero su ego la llevó al autoengaño y a tratar de ignorar su equivocación; por eso, busca en él cualidades mínimas, las magnifica y comienza a admirarlo inmensamente. En pocas palabras, ella se vuelve miope. Las pequeñas cualidades las ve gigantes y no puede verle los grandes defectos. Es más, no quiere verlos. O sea, ella está dormida, inconsciente, y el ego ejerce el control de su vida. Va por la vida en piloto automático, inconsciente, llena de dolor y sufrimiento, creyendo que así es la vida y que eso es lo que le tocó vivir.

En la adicción amorosa, el autoengaño se puede manifestar de diferentes maneras, desde las más tiernas hasta las más violentas, con el único objetivo de amarrar, doblegar y manipular a quien se dice amar. En este momento, la razón se nubla, idealizamos y justificamos a esa persona, minimizamos sus defectos, magnificamos sus pequeñas virtudes, nos decimos mentiras y, como si fuera poco, nos las creemos. Sin darnos cuenta, construimos castillos en el aire, mundos imaginarios de paraísos falsos donde todo es una ilusión pasajera y nos negamos a aceptar la cruda realidad.

Si ella eligiera despertar de su inconsciencia y observar lo que sucede desde la tercera posición perceptual (observar de manera consciente y apreciativa), el sufrimiento desaparecería inmediatamente, ya que ella podrá, a partir de ese momento, ver las cosas que ocurren en su vida tal como son y no como terca y obstinadamente quería que fueran. Al ver que es el miedo lo que la mantiene atada a esa relación, podrá enfrentarlo y así el fantasma del miedo desaparecerá.

Volando
con alas prestadas

*El problema es creer que estamos despiertos,
cuando en realidad estamos dormidos e inconscientes.*

Quizás estos sean los minutos más importantes de tu vida. Lo que vas a leer a continuación es algo tan sencillo que, tal vez, ya lo has escuchado, pero quizá no entendido, procesado ni elaborado de modo consciente. ¿Cuánto tiempo tardarás en captarlo, entenderlo y aplicarlo? Eso depende solamente de ti. Aquí te doy las herramientas, puedes tardarte un minuto, un día, un año, tres años, muchos años o quizás nunca llegues a entenderlo.

Lo primero es abrir tu mente y tu corazón para desarrollar tu capacidad de escuchar, lo cual no es tan fácil como parece, porque a veces escuchas a partir de creencias falsas, conceptos preestablecidos y prejuicios. Escuchar no significa creerlo todo. Cuestiona lo que te digo, reflexiona, pero no estés a la defensiva; relájate para experimentarlo en tu corazón, procesarlo en tu mente y, con tu consciencia, extraer el fruto para aplicarlo a tu vida diaria. No necesitas estar de acuerdo conmigo, pero puedes entenderlo si estás alerta, observas y aprecias sin condicionamientos, miedos, prejuicios o barreras.

¿Alguna vez, mientras duermes, has tenido una pesadilla en la que aquello que le temes te persigue? ¿Tratas de huir y cuanto más corres, menos avanzas, hasta que despiertas y sientes un gran alivio al saber que la angustia no era real? Probablemente, viviste tan intensamente esa pesadilla que, a pesar de estar despierto, en tu corazón y en tu mente permanece su recuerdo totalmente vivo.

"¡Qué pesadilla tuve!", es lo primero que piensas cuando despiertas. Fue un sueño horrible y esa sensación te dura unos instantes; al despertar y darte cuenta de que dormías, entiendes que sólo era un sueño y dejas de sentirte perturbado. Lo mismo ocurre cuando vuelas con alas prestadas: tus ideas preconcebidas, tus sistemas de creencias, tus ilusiones y expectativas te hacen sufrir, como en esa pesadilla. *Estás dormido y no puedes volar, porque tus alas son prestadas*; ellas no te pertenecen. Es una señal de que debes despertar y reemplazar esas creencias por otras que te den paz interior.

Para salir de esta encrucijada, primero debes entender que el sistema de creencias con el cual has sido educado está mal diseñado o no es el apropiado, porque te hace daño y te causa dolor.

Durante la niñez, tratábamos por todos los medios de complacer a otras personas que en su mayoría no eran felices con ellas mismas y nos desgastábamos emocionalmente, buscando que ellas nos aceptaran. Si observamos a un niño que aún no ha sido contaminado por el sistema de creencias, podemos apreciar que el amor fluye en él libre, natural y espontáneamente, y su capacidad de asombro, dicha y gozo son admirables. Por determinado tiempo, este amor permanece puro, hasta cuando sus padres o tutores, quienes en su mayoría fueron educados en el temor (aunque ellos mismos no lo sepan y lo confundan con el amor), comienzan a formar a sus hijos de la misma manera.

Durante años, los padres coartan la libertad del niño, no lo respetan, lo ignoran y comparan con los demás, lo asustan y lo atemorizan, haciéndolo sentir culpable, dependiente e inseguro. Le exigen ser tal cual ellos quieren, sin importar que el niño pierda la esencia real de su ser, o sea, la capacidad de amar, de asombrarse, de fluir libre, espontánea y naturalmente ante cualquier acontecimiento.

Sus padres hacen esto en nombre del amor, aunque quizá en su gran mayoría nunca lo han conocido, no han fluido en él. Saben de posesividad, celos, poder, dominio, esclavitud, pero no de amor. Dicen y creen que aman al niño, pero lo que realmente hacen es inyectarle conocimientos llenos de miedo, prevención e inseguridad, transmitidos de generación en generación. Poco a poco, le enseñan al niño a ser otro, a parecerse a los demás y él no tiene otra alternativa que fingir; entonces, empieza a actuar con hipocresía. Con los años, este vicio se le convierte en un hábito inconsciente. Algún día, alguien le dirá: "¿Por qué estás triste? ¿Qué te pasa que ya no sonríes como antes?" ¡Qué ironía! Si siembras limones, cómo vas a cosechar naranjas.

Lo único cierto es que para complacer a los demás el niño aprende el sutil arte de la manipulación, se vuelve calculador, frío y rígido, y su esencia, que era el amor, se deteriora y adormecie; el temor empieza a reinar en su vida.

Entonces, pregunto: ¿Qué clase de educación estamos recibiendo e impartiendo a nuestros hijos? Nos enseñan que, los "buenos modales" y la cultura proyectada a través de las máscaras sociales de la hipocresía, que busca poder, aprobación, prestigio y reconocimiento, es triunfar; entonces... ¿dónde queda la esencia del ser humano?

El éxito, el logro y las cosas producen emociones pasajeras y nos hacen sentir contentos y eufóricos. Invitamos a nuestros amigos a conocer nuestra nueva casa y el auto nuevo y nos sentimos felices cuando estrenamos ropa. Pero el lujo, y la riqueza no son ingredientes de la felicidad. Producen un placer que, tarde o temprano, se convierte en dolor por el miedo a perderlos. *Es la felicidad condicionada.*

En este mundo donde lo que importa es la forma te lo enseñan todo, mas no te enseñan a ser tú mismo, a conocerte y a compartir con alegría tu amor libremente. Entonces, te obligan a ser lo que no deseas, a permanecer con alguien que no quieres; por no perder tu comodidad, sufrir o estar solo, sacrificas tu felicidad; precisamente allí es donde encuentras la raíz de tu sufrimiento. Esa es tu inconsciencia.

Al ver que nada ni nadie te llena, sufres, porque estás dormido, inconsciente. Te han enseñado que amar es depender, poseer, manipular, celar, juzgar, exigir, dominar; que para amar debes estar atado de modo permanente a una persona y que no serás feliz si no todo el tiempo con ella.

A causa de esa programación, durante muchos años creíste que la persona que te causaba tanto dolor era tu felicidad; por eso mismo, hoy, al no tenerla, sientes una ansiedad infinita en cada espacio de tu cuerpo, cómo palpitan los recuerdos en tu alma; sientes que te ahogas y quisieras regresar el tiempo para recuperar esos momentos. Al ver que no volverán, te niegas a aceptar la cruda realidad. El hecho de pensar que esa persona ya no está contigo te duele, como si tu caminollegara a su fin. *Solamente puedes pensar en poseerla y no quieres liberarla.* Por eso, es importante despertar, entender y retornar a la esencia real de tu ser.

Cristina, una mujer como miles en el mundo, a quien la vida le otorgó grandes dones, cualidades y oportunidades, materializó sus sueños de casarse, tener hijos y desempeñarse como ejecutiva de una firma muy importante. Un día descubrió que su marido le era infiel con su mejor amiga. A partir de ese momento, su vida color de rosa cambió. Perdió sus ganas de vivir, se encerró en su casa, no quería hablar con nadie y lloraba en todo momento. La depresión y sus temores la llevaron a tomar decisiones que jamás hubiera imaginado.

Desesperada y enceguecida por la angustia, pensó varias veces en acabar con su vida. Aquella mañana de marzo, se dirigió al supermercado, decidida a comprar un veneno para cumplir su deseo. Saliendo de la tienda, se detuvo frente a un televisor que emitía el programa Muy Buenos Días *y me escuchó decir lo siguiente: "El día que deposites la felicidad en otra persona, ese día, te convertirás en un ataúd con patas, porque ya tu felicidad no dependerá de ti."*

En ese momento, se quedó paralizada frente al televisor. Dichas palabras retumbaron en su corazón, ya que exactamente ella se sentía así debido a la traición de su marido. Fue el principio del despertar de su inconsciencia. Cristina me buscó para contarme sobre su experiencia y explicarme cómo sólo bastó una palabra dicha en el momento justo para dejar de lado todo lo que la atormentaba profundamente. Cuando abrió su mente, Cristina despertó y se convirtió en una amante ferviente de la vida y de todo lo que la rodea.

De igual forma, si hoy sufres, puedes o no despertar. Es tu decisión. Sólo quiero que comprendas que, en muchos casos, los seres humanos no quieren despertar, prefieren seguir sufriendo porque, al fin y al cabo, eso es parte de la vida misma. *Han hecho del amor un sacrificio y se han convertido en esclavos de él.*

¿Cómo saber entonces si tú estás dormido? Quiero hacerte esta pregunta: ¿Has sido realmente feliz en la vida?

Mira hacia atrás, examina un poco tu vida, autoevalúate y analiza los acontecimientos vividos a través de todos estos años.

Si regresas a la niñez: ¿Consideras sin engañarte que fuiste realmente feliz? ¿Te dolía cuando tu padre o tu madre no te aprobaban, te reconocían o quizás tus compañeros se burlaban de ti y no eras aceptado por ellos? ¿Todo lo que creías que era felicidad y amor comenzó a dejarte rencores y rabias porque tu corazón se arrugaba y sentías dolor en el estómago? ¿Llegaste a sentir alguna vez un gran vacío y soledad cuando tus compañeros o grupo social no te invitaban a participar de las diferentes actividades? ¿Todo lo que has conseguido y que muy probablemente tienes hoy te causa en algún momento ansiedad, dolor, miedo, estrés o frustración? ¿Te perturbas constantemente por lo que sucede en tu vida? ¿Sufres a menudo pero piensas que eso es parte del hecho de estar vivo? ¿Hay vivencias que te roban tu paz interior?

Entonces, mírate bien y no te engañes. Si has contestado positivamente alguna de estas preguntas, no eres realmente feliz, vives una felicidad disfrazada y estás dormido, como la mayoría de los seres humanos, pero no te das cuenta, no lo sabes. Consideras que tu manera de vivir es como se vive y que el sufrimiento es parte natural de nuestra existencia.

Estaba un maestro con sus discípulos. Uno de ellos creía que ya lo sabía todo en el camino del autoconocimiento y la meditación, y buscaba la forma de llamar la atención de sus compañeros, haciéndolos sentir que sabían menos que él. De repente, el maestro se acercó a la mesa y, mirando al alumno fijamente a los ojos, comenzó a servirle una taza de té. El alumno se sentía muy orgulloso de que fuera a él a quien el maestro se dirigía. Rápidamente, la taza de té se llenó hasta que comenzó a derramarse. Inmediatamente, el discípulo, por reflejo, quitó la taza al ver que el maestro continuaba vertiendo el té sin importarle que la taza ya estuviera llena.

El maestro continuó, tranquilo e imperturbable, derramando el té encima del plato y del mantel, hasta que el líquido cayó en el hábito del alumno. Éste, totalmente asombrado, se levantó del puesto y le preguntó a su maestro: "Maestro, ¿no se da cuenta de lo que está haciendo? ¿De cuál consciencia es de la que usted habla?" Y el maestro, sonriente, le contestó: "Mi querido discípulo, igual que esta taza de té es tu mente. Si no la desocupas de todos esos prejuicios, condicionamientos, sistemas de creencias, egos y apegos, todo lo que yo te dé de nada te servirá, porque se derramará y no cumplirá su propósito original. Por eso, hoy tienes que despertar de tu inconsciencia, abrir tu mente y desocuparla de las ideas preconcebidas con las que has vivido toda tu vida y con las que has llegado hasta aquí. Solo así podrás recibir mis enseñanzas y encontrarás la sabiduría que necesitas para realizar tu verdadera transformación y liberarte de las garras del ego."

Tal vez no estés de acuerdo con muchas de las enseñanzas y consejos que yo te brinde, porque tu mente se limita a pensar siempre de una manera muy particular y cerrada. Trata de abrir tu mente para que realmente puedas potencializar las herramientas que te doy, para que evoluciones y logres un cambio real en tu vida.

Abriendo las alas a una nueva dimensión liberadora

*La libertad es el resultado del autoconocimiento
y la autoevaluación. Por eso, cuanto más te conozcas,
menos te aferras y menos sufres.*

Para despertar, debemos hacer un recorrido por nuestras vidas e identificar ideas, creencias, miedos, formas de pensar y sentir, que influyen en nuestro presente.

Una de las causas más frecuentes que genera la mayoría de problemas al ser humano es su ignorancia, la cual se mantiene siempre de la mano de su mejor amiga, la terquedad. Con frecuencia, se escucha que las personas dicen: "Yo soy así. Así nací y así moriré; no puedo cambiar."

Muchas personas creen que se conocen a la perfección y, cuando tienen problemas, culpan de ellos a las circunstancias externas, a los demás. Aprende a conocerte para que, en vez de reaccionar por instinto, elijas y actúes de modo deliberado y seas tú quien lleve realmente las riendas de tu vida.

Para conocerte, primero debes aceptar que tu mente tiene el poder de liberarte de cualquier apego, cuando comprendas cómo funciona. De lo contrario, te puede encarcelar, privar de la libertad y someterte a una dependencia emocional y a un sufrimiento incalculable.

Cuando hay caos y confusión, debes quedarte quieto, observar y analizar lo que sucede, y verás cómo se abre la puerta del conocimiento interior, que te liberá de la ignorancia y te dará la sabiduría.

Cada ser humano es único, inigualable e imposible de duplicar; por tanto, no puedo darte la fórmula mágica para encontrar tu felicidad, pero sí proporcionarte herramientas que te ayudarán a evaluarte, conocerte mejor y ver qué tipo de creencias o ideas preconcebidas afectan tus pensamientos, sentimientos y emociones, quitándote la paz interior. *La única persona que tiene el poder de manejar tu mente eres tú* y de cómo la utilices dependerá en gran medida tu tranquilidad.

Cuando adquieres el hábito diario de observar tus pensamientos, según te hables y les hables a los demás, y de acuerdo con tu manera de actuar o reaccionar ante un estímulo externo inesperado que te cause dolor, comenzarás a tener consciencia de lo que sucede en tu mente. Eso implica ser un testigo permanente de cada acto, de cada acción. Cuando empieces a pensar deliberada y conscientemente, tus sentimientos y emociones cambiarán instantáneamente.

Para realizar este proceso, debes comprender cómo se relaciona de tu mente con tus creencias, miedos, pensamientos, sentimientos y emociones. Este proceso es totalmente individual y completamente vivencial.

No solamente con la lectura de este libro lograrás salir de donde te encuentras. Es primordial que realices los ejercicios recomendados y que, con mucha fe, pasión, amor y perseverancia, desarrolles este trabajo interno que te permitirá liberarte para siempre de esas cadenas que te amarran y no te dejan ser feliz. Debes tener una mente totalmente abierta, flexible y dispuesta a experimentar cosas nuevas, como cuando eras un niño, ya que habrá cosas que no quieras hacer debido a tu sistema de creencias y al ego. *Podrás tener momentos en que quieras parar o defenderte, porque te sientes atacado o vulnerado.* Cuando esto suceda, mira de dónde viene esa reacción, ya que siempre existirá una explicación en lo profundo de tu corazón. En esta fase desprenderemos muchas cosas que hemos recogido a lo largo de nuestra vida.

Comprendiendo realmente qué es el amor

"Si te quiero poseer, te corto las alas y te dejo a mi lado para siempre. Si te amo, disfruto viéndote crecer y volar. Ama intensamente lo que haces y disfruta plenamente lo que estás viviendo hoy."

Si sales a dar un paseo en medio de la naturaleza y encuentras un jardín lleno de rosas rojas y te acercas a él, puedes ver, percibir y sentir la fragancia que liberan las rosas, sin importar si tú las miras o las ignoras. Así es el verdadero amor. Como una rosa que, al florecer en tu corazón, te produce tanta dicha, gozo y éxtasis, que emana, fluye y se dispersa a tu alrededor, sin importar a quien le llegue. En ese momento, tú estás en armonía continua y fluyes libremente, sin miedos, temores, ni apegos.

El amor es relativo. Se manifiesta de diversas maneras, de acuerdo con las personas con quienes entra en contacto; según esto, pueden existir tantos amores como seres humanos. Puede ir desde el nivel de consciencia más bajo, hasta el más elevado; desde lo mundano, hasta lo sagrado; de los gestos, las caricias y el sexo, hasta el amor puro. Tiene múltiples dimensiones, niveles y formas que sólo dependen de tu punto de vista y de tus percepciones.

Definamos entonces el amor desde dos dimensiones totalmente diferentes y opuestas: el apego disfrazado de amor, y el amor como el estado de consciencia más elevado del ser humano (amor verdadero).

El amor verdadero y el apego se encuentran en dos polos opuestos. Por un lado, el apego está en el polo negativo de inconsciencia, fortalecido constantemente por el miedo, mientras el amor verdadero se ubica en el polo positivo donde se encuentra la consciencia, la libertad y la paz interior.

Si observas atentamente la naturaleza, verás que la luz del sol ilumina a todas las criaturas de la Tierra, sin importar cómo sean. Al entrar en contacto los rayos de luz y los objetos iluminados, se presentan diferentes fenómenos, como el de la gota de rocío que difumina y dispersa la luz en múltiples colores; la laguna que refleja la luz y cambia el color del agua; el arco iris que, después de la lluvia, se extiende con esplendor y majestuosidad para mostrar sus bellos colores.

De esta manera, el amor, desde el estado del ser, entra en contacto con todas las criaturas y objetos de la Tierra y, sin importar cuáles sean, les brinda su luz.

En el estado del ser, el amor no puede opacarse; simplemente fluye, resplandece e ilumina a todos por igual. Este amor emana libremente de tu corazón cuando la dicha y el gozo están presentes. Cuando vives en el amor desde el estado del ser, estás conectado con el universo y, por esa razón, disfrutas plenamente las cosas simples de la vida, como un amanecer, la sonrisa de un bebé, el abrazo de un ser querido, la hoja de un árbol, un capullo de flor que se abre, la fragancia exquisita de una rosa, el viento que acaricia tu piel, el sonido de los pájaros, o gozas del simple hecho de estar vivo y del milagro de existir. Inclusive, en este estado aprecias las cosas que los demás desprecian y consideran feas, desagradables y de mal gusto. Es decir, *estás en armonía total con todo lo que te rodea* y entiendes que tú no eres una criatura aislada del universo, sino que el universo, el sol y las estrellas están en tu interior.

Mientras en tu interior reine la inconsciencia y la oscuridad, vivirás en tinieblas y nada brotará de ti. Solamente cuando en tu interior exista la luz, darás lo mejor de ti e iluminarás a los demás.

Este estado de consciencia del ser es natural, espontáneo; con él llegamos a este mundo, es la dicha en su máxima expresión, pero lo vamos perdiendo a través de los años, porque aprendimos a buscar el amor en las cosas externas. *Todo lo externo es pasajero y no depende de nosotros.* Por tanto, en algún momento, nos encontraremos cara a cara con la infelicidad. Así, nos vamos desgastando y cansando a través de la vida, experimentamos los golpes que nos da. Debido a estos golpes, empezamos a sentir un gran vacío, que tratamos de llenar rápidamente con cosas materiales o sosteniendo relaciones solamente para no sentir miedo a la soledad. En este momento, el apego hace su aparición y comenzamos a sentir angustia de perder o no ser aprobados por las personas que nos brindan ese placer y llenan ese vacío. Esto nos genera un gran dolor y si dejamos que nuestra mente lo albergue, tendremos un gran sufrimiento.

Sólo cuando recobremos el estado de consciencia del ser, podremos, por primera vez, experimentar el verdadero amor; entonces, ya no trataremos de cambiar, ni de mejorar, ni de manipular a los seres queridos con quienes compartimos nuestra vida. En ese momento, el amor ilumina tu camino y no te encarcelas en el juego de la extorsión emocional, no pierdes tu libertad ni coartas la del otro. Cuando entiendes esto, *comprendes que el amor es divino, es la manifestación más pura de Dios sobre la Tierra.*

Para entender qué es actuar bajo la influencia del apego y desde la consciencia del ser, quiero dar un ejemplo común y frecuente de una pareja que dice amarse.

Juan y María son una pareja joven, que se conoce en una fiesta. Tan pronto se ven, experimentan la sensación del amor a primera vista, comienzan a salir con frecuencia y se convierten en una pareja estable. Cuando un hombre y una mujer se funden en el amor, unen sus cuerpos, sus mentes y sus espíritus. En ese momento, muere el ego, pero después sienten tanto temor de perder a la otra persona, que se aferran inconscientemente a ella y la convierten en la fuente de su placer.

Entonces, Juan siente un amor desmesurado por María y está seguro de que no podrá vivir sin ella. Continuamente, le repite que la vida no tendría sentido si la perdiera y cosas como las que se oyen en las canciones de despecho: "Sin ti, no podré vivir jamás"; "Si tú te vas, mi corazón se morirá"; "Si me faltas tú, no tengo nada", etcétera. Obviamente, para Juan su felicidad y su tranquilidad radican en la idea de que "su" María nunca lo abandonará y estará siempre a su lado pase lo que pase.

Ese punto de vista distorsionado de la vida es lo que genera angustia a Juan. Eso es, precisamente, el miedo y la infelicidad. Para Juan, María representa la encarnación y personificación del amor, tiene su forma, y si Juan llegase a perderla, sentiría un gran dolor y su vida se derrumbaría.

Esto quiere decir que Juan está apegado a María y confunde la forma (que es María) con lo que ella representa (el amor). Si algún día María se va con alguien y abandona a Juan, él sufrirá tanto que absurdamente creerá que ha perdido el amor de su vida, cuando en realidad lo que perdió fue a la persona que lo representaba. El dolor que Juan siente lo produce el apego hacia María, no la pérdida en sí misma.

El problema no está en que Juan no quiera a María, sino en la idea absurda de necesitarla todo el tiempo. Eso que siente Juan es el *apego afectivo*. Si él viviera desde el estado de consciencia del ser, podría decir: "Me siento muy bien contigo y preferiría estar siempre a tu lado, pero también puedo estar sin ti. Te amo, pero soy feliz sin ti." Esta es la verdadera libertad, la que se vive cuando se está desapegado de la pareja.

Este apego puede sentirlo tanto la pareja como los miembros de la familia (hijos, padres, hermanos) y llega a confundirse con el amor. Creemos que, porque amamos a la persona, también la necesitamos. Conectamos estos dos términos, pero no debe ser así. Si Juan realmente amara a María, debería aceptar la decisión de ella y nunca mendigar amor, ya que amar verdaderamente a alguien es desearle lo mejor; y si lo mejor para María es irse con otra persona, Juan no debería sufrir.

Cuando amas verdaderamente, te regocijas por la simple existencia de la persona que amas. Entonces, amar no dependerá de lo que el amado haga, diga o tenga.

Cuando realmente disfrutas del *estado de consciencia pura que es el amor*, el apego desaparece, por eso deja de haber reclamos, expectativas y exigencias: comprendes que tu felicidad no está en otra persona, dejarás de necesitarla, tu angustia desaparecerá y podrás ser feliz sin ella. Entonces podrás gozar y disfrutar naturalmente de su compañía, sin hacer ningún esfuerzo. Si por algún motivo la persona que amas te deja, como en la historia de Juan, no te pongas triste, disfruta intensamente cada momento mientras esté contigo, no la necesites para ser feliz.

El verdadero amor exige libertad, mientras el apego exige posesión. El apego hace que algo tan bello como el amor verdadero, basado en el dar, se convierta en la necesidad de tener.

Desenmascarando al enemigo oculto

"El ego te puede encarcelar y hacer vivir una vida miserable, pero cuando lo identificas y aprendes a manejarlo, disfrutarás plenamente tu vida."

Existe en el trópico un árbol llamado ficus estrangulador, que puede crecer en forma descomunal. Si entras en un bosque, fácilmente puedes distinguirlo no sólo por su tamaño, sino porque tu mirada puede atravesar el tronco del árbol, ya que sus raíces están fuera de la tierra, son aéreas. Lo primero que uno se pregunta es cómo un árbol tan grande puede sostenerse sobre un tronco hueco. Ocurre lo siguiente: los pájaros depositan la semilla de este árbol en la copa de otro. Esta semilla es parásita y comienza a envolver con sus raíces el tronco del árbol donde fue depositada; las raíces crecen alrededor de él, le extraen toda su savia y sus nutrientes, hasta que estrangulan totalmente, haciendo que el árbol poco a poco se seque y posteriormente muera.

Igual, cuando no identificamos a tiempo el ego, echa raíces en nuestra mente, y ellas nos nublan la razón y el entendimiento, crecen y nos cubren hasta llegar al corazón, nos estrangulan lentamente hasta dejarnos en un estado deplorable, llenos de angustia y dolor. Este parásito nos seca, nos quita el oxígeno, nuestros nutrientes, las ganas de vivir y, finalmente, nos deja en un estado de inconsciencia y dependencia total.

Para conectar nuestra mente con nuestro corazón y conocernos realmente, debemos desenmascarar al ego, el enemigo oculto y manipulador, que se mueve ágilmente en las sombras de nuestra inconsciencia y nos lleva a hacer cosas que no queremos, simplemente buscando reconocimiento, poder, prestigio o aprobación.

El ego es un estado de inconsciencia superior al cuerpo, a la mente y al intelecto. Por esta razón, las personas que vibran en una frecuencia cerebral baja, es decir, que viven en el resentimiento, la culpa, la depresión, la angustia, el miedo, la frustración y el sufrimiento, no pueden identificarlo, ya que es el mismo ego quien genera estos pensamientos, sentimientos y emociones.

Para que el ego sobreviviva, necesita un patrón de referencia externo con el cual compararse permanentemente. El ego se nutre del miedo de no superar su punto externo de comparación.

En la mayoría de los seres humanos, o al menos en los inconscientes, su vida la maneja el ego; por esta razón, existe tanta angustia, dolor y sufrimiento.

Si una persona entra en un sitio, saluda amablemente y nadie le responde, su ego se siente mal, vulnerado, ya que procesa esa información y envía una señal que pasa del intelecto a la mente, haciendo que esta persona se sienta rechazada; si hay rompimiento de una relación sentimental o amorosa, el ego se siente mal, porque ha sido rechazado y, a como dé lugar, buscará mecanismos de extorsión, venganza, manipulación o falsas expectativas, como la esperanza de reconquistar a quien lo abandonó y ser aprobado.

El ego es una idea que tenemos de quiénes somos y de qué tenemos. El ego pone obstáculos para impedirnos disfrutar plenamente el amor y nuestras relaciones. Es cuando confundimos tener y ser; es decir, mi ego se basa en poseer y no en ser. Cuando el ego se basa en qué dicen los demás, su cimiento es la búsqueda insaciable de aprobación y reputación. El ego nos separa de *nuestra esencia divina, el amor,* y nos hace creer que podemos vivir independientes de ella; nos hace sentir aislados de las demás criaturas del universo, es decir, creemos que somos cuerpos independientes de la creación y no parte integral de ella.

Cuando experimentamos nuestra vida a través del ego, nos debilitamos y la vivimos a plenitud, porque fingimos y mantenemos conductas, actitudes y poses aprendidas que nos generan dolor e insatisfacción. Es una actitud insaciable de competir, de ganar, de ser el número uno, de alcanzar el éxito, lo que nos lleva a compararnos continuamente con los demás y a estar pendientes de cómo nos perciben. Para lograr esto, el ego muchas veces hace que pasemos por encima de los demás y vayamos en contra de la propia consciencia que rige nuestros principios. En este nivel de inconsciencia, realmente los problemas afloran y los sentimientos de desesperación, odio, depresión, tensión y amargura reinan en nuestras vidas.

En ocasiones, nos reímos de la inocencia, la capacidad de asombro y la autenticidad de los niños y creemos que son tontos, sin darnos cuenta de que, muchas veces, mientras más viejos somos más tontos nos volvemos, porque fingimos y perdemos nuestra autenticidad, tratando de impresionar y de ser como los demás. Sólo nos asombra el poder, el prestigio, el dinero y la reputación. Enmascaramos el pasado y nos sentimos orgullosos de todas nuestras adquisiciones y conquistas. El ego hace que nos vanagloriemos del pasado, exagerándolo, mitificándolo o distorsionándolo, para conseguir la admiración de los demás. En algunas ocasiones, ignoramos y despreciamos la opinión de los más jóvenes, porque creemos tener siempre la razón.

En una ocasión, viajaban en una avioneta un gran científico, un monje y un boy scout *(niño explorador). De repente, la avioneta empezó a perder altura y el ruido de los motores se incrementó. El piloto salió muy angustiado de su cabina y les dijo a sus tres pasajeros: "Tuvimos una avería en el tanque de gasolina y la avioneta, en máximo cinco minutos, se estrellará. Lamentablemente, sólo hay tres paracaídas, uno para mí, que soy el piloto, y otros dos para que elijan entre ustedes quiénes los usarán."*
Rápidamente, el científico, presa del miedo y la desespe-

ración, agarró el morralito y, justificando su actuación, les dijo: "Yo soy un científico y el mundo necesita de mi inteligencia y mi contribución. Por lo tanto, yo merezco salvarme." Abrió intempestivamente la puerta del avión y se tiró, sin escuchar la opinión de los demás.

Mientras tanto, el monje, que reflejaba una gran paz interior en su rostro, le dijo al niño: "Yo soy un hombre viejo, ya viví lo que tenía que vivir. Estoy feliz porque ya realicé la misión a la que vine al mundo, mientras que tú eres una criatura de Dios que está comenzando a vivir. Agarra el paracaídas y sálvate." El niño, totalmente asombrado, abrió sus grandes ojos y le dijo al monje: "Pero si quedan dos paracaídas, ¿por qué no utilizas el tuyo?" El monje, sorprendido, respondió: "¡Cómo! ¿De qué hablas? ¿No ves que el científico ya utilizó el otro paracaídas y sólo queda uno?" El niño, sonriendo, le contestó: "El científico, en medio de la confusión y de su egoísmo, agarró sin darse cuenta mi morralito, en lugar del paracaídas; se lo puso en la espalda y se tiró con él, sin escuchar cuando traté de explicarle su equivocación."

Cuando manejamos nuestra vida desde el ego, perdemos nuestra capacidad de observar y actuar inteligentemente, ya que no podemos percibir con claridad lo que nos sucede.

Identificando nuestras creencias

"Las creencias son imposiciones intelectuales, basadas en el miedo, creadas generalmente por nuestra cultura y religión para manipularnos y controlarnos."

El siguiente paso para despertar de nuestra inconsciencia es identificar las máscaras sociales y la armadura que nos hemos puesto para impresionar a los demás y para defendernos de sus ataques.

La autoevaluación te permite liberarte de las cadenas limitantes que afectan no sólo tu vida, sino la relación con tus seres queridos. Por eso, debes con toda honestidad observar las creencias, máscaras sociales y actitudes que te causan sufrimiento, y utilizando las herramientas que te daré, cambiar todo aquello que te hace sufrir. Solamente debes mirar lo que te causa dolor y sufrimiento, para cambiarlo. Una vez entiendas que has venido a este mundo a disfrutar y no a sufrir, se abrirán las puertas de par en par, para reorganizar y reestructurar tu vida.

Las actitudes son la manifestación que tienes ante una creencia o una máscara social adoptada. Por esa razón, es importante identificar qué actitudes tienes ante la vida, para entender y desenmascarar las creencias detrás de ellas. Por ejemplo, analiza lo siguiente: ¿Esperas que tu pareja siempre te dé la razón y haga sólo lo que tú quieres por encima de sus necesidades y principios? ¿Siempre estás recordando las cosas que sucedieron en el pasado, y se las restregas en la cara a tu pareja? Si dejas a un lado la búsqueda de ser aprobado por tu pareja, los celos, el chantaje emocional, la manipulación y la extorsión en tu relación, ¿desaparece entonces el amor? ¿El amor es, sufrimiento, pena y preocupación?

Existen miles de creencias camufladas de múltiples formas. Puedes absorberlas a través de ideas culturales, sociales, políticas, intelectuales, religiosas, etcétera. Algunas de ellas nos inspiran y nos motivan a disfrutar de la vida, pero *la mayoría de nuestras creencias están basadas en el temor o en el miedo*. Son las creencias que debemos identificar, para reemplazarlas y liberarnos de sus ataduras.

Estas creencias contaminadas por el miedo entran directamente en ti, desde que estás en el vientre de tu madre, a través de sus propios miedos. Por eso, existen muchas creencias que manejan tu vida y te limitan, hacen sufrir y ni siquiera te das cuenta de que existen, porque desde que llegaste a este mundo te enseñarán a vivir de manera mecánica. Cuando comienzas a vivir como un robot, que sigue los lineamientos de lo que dice todo el mundo, te quitan la habilidad de discernir y pensar por ti mismo, entonces tú ya no eres responsable de lo que haces ni de lo que sientes, porque la responsabilidad la llevará la multitud, la cultura, la religión, la política, etcétera.

Las creencias son elaboradas por intereses propios de ciertas personas, movimientos, partidos, religiones, etcétera, que llevan a grupos a participar de sus ideas y actos. Lo que las personas hacen cuando son inconscientes es seguir tales ideas y actos de la masa, porque creen que es lo correcto, para no sentirse responsables de sus propios actos.

Hemos visto ejemplos a través de la historia en que un grupo de hombres buenos, por seguir la creencia de su líder, llegan a actuar de manera brutal e inconsciente.

Hoy, vemos cómo el líder de un país, supuestamente buscando la paz del mundo, elabora artimañas para convencer a la masa de actuar de acuerdo con lo que él considera que le dará poder, prestigio y reputación; pero como la masa no tiene corazón, obedece lo que el líder dice. Por eso, se llega a bombardear ciudades enteras, donde miles de niños, niñas y seres inocentes, que no tienen nada que ver dentro de la búsqueda de aprobación, prestigio, poder y reputación de ese líder, mueren inocentemente. Si a la masa le preguntan por qué cometió esa barbarie, responde: por defender al mundo, a mi país, por honor, por defender a mi cultura, etcétera. El terror que vivimos en este mundo se debe a falsas creencias enmascaradas y camufladas.

Asimismo ocurre con cada cosa que sigues por ignorante, por no evaluarte, no cuestionarte o no abrirte al conocimiento. Tan sólo observa hoy en día la cantidad de pautas, modas, códigos, etiquetas sociales que la masa debe seguir para ser aceptada. Por eso, problemas que nos afectan diariamente y cada vez aumentan, como el apego material, la dependencia afectiva, la bulimia, la anorexia, el suicidio, la drogadicción, son causados en su mayoría por las falsas creencias. Ellas empujan a la masa a actuar inconscientemente; por el efecto de las creencias, los miembros de la masa juzgan implacablemente a los que se oponen o no los siguen.

Es muy importante que entiendas esto, porque de otro modo no saldrás de donde estás, ya que piensas que estás equivocado porque así te lo han hecho creer para tenerte dominado.

Debes dedicar un tiempo para identificar las creencias que arrastras desde tu niñez, ya que son únicas para tu caso específico. Debes profundizar, pues fácilmente puedes estar actuando por seguir la corriente, mas no por lo que tú mismo crees que es la vida. Cada persona ha vivido de manera diferente y se ha dejado influir por las creencias, también de manera diferente, a través de su vida. Existen muchas circunstancias que influyen en el tipo de creencias que tengas: el país donde vives con toda su cultura, la familia donde creciste, si fuiste el hermano mayor o el menor, si fuiste educado por tu madre y tu padre o sólo por alguno de ellos, el colegio donde estudiaste, la clase de compañeros y amigos con los que te relacionaste, el tipo de religión que te inculcaron y la relevancia que ella tuvo en tu vida, la importancia del dinero entre tu familia y amigos, los miedos y la culpabilidad inculcados, etcétera.

Un hombre ciego se encontraba visitando a unos amigos.
Al caer la noche, cuando se despidió de ellos dispuesto

a partir, le dieron una lámpara para que iluminara su camino. El hombre invidente les respondió: "Muchas gracias, pero no la necesito, ya que no importa si estoy en la oscuridad o en la luz. Todo es igual para mí." Ellos le respondieron: "Tienes razón, pero de todas formas, llévala para que ilumines el camino y así nadie tropiece contigo." Agradecido, partió y, a los pocos minutos, alguien se estrelló contra él. Asombrado, exclamó: "¿Qué es lo que pasa? ¿Acaso no te das cuenta por dónde caminas? ¿No has visto que traigo una lámpara?" Aquella persona le contestó: "Lo siento mucho, mi querido amigo, pero no te vi, porque la luz de tu lámpara está apagada."

Así ocurre con las creencias que nosotros fielmente seguimos. Creemos que ellas son nuestra única verdad, y las seguimos a como dé lugar, sin importar que nos causen daño o sufrimiento. Creemos ir con la lámpara encendida, iluminando nuestro camino, cuando en realidad la tenemos apagada y vamos inconscientes por la vida. Actuamos como si estuviéramos en piloto automático, simplemente haciendo lo que la sociedad nos dice que está bien.

Cuántas veces pensamos que esas creencias son la gran verdad, pero en realidad nuestros ojos y entendimiento están ciegos, pues no queremos despertar nuestra consciencia y seguimos actuando inconscientemente.

Demos un breve vistazo a las diferentes creencias que nos causan apegos, para tener herramientas con que trabajar.

Creencias que pueden causarte apego afectivo

- No puedo ser feliz si estoy solo, debo tener a alguien a mi lado.
- En el momento en que decides casarte, pierdes tu libertad; le perteneces a la persona con la que te casas.
- El matrimonio es para toda la vida y debes sacrificar tu felicidad para salvarlo sin importar lo que sufras.
- La mujer debe estar siempre en el hogar y dedicarse a criar a los hijos, sin importar sus propios sueños.
- El hombre es quien trabaja y aporta el dinero a la casa.
- Los hombres son infieles por naturaleza.
- Si te divorcias, te vas al infierno.

Nos han programado para que el amor duela, diciéndonos que amar es sufrir y la pareja es tuya y de nadie más. En nuestra sociedad, el libre albedrío entre parejas no es bien visto; es un abuso de confianza, una falta de respeto o un libertinaje. Existe un control, generalmente ejercido por el hombre (machismo), y otras veces por el que tiene mayor poder dentro de la relación, que lleva a distorsionar la realidad, haciendo que en ocasiones se confunda el amor propio con el amor por la pareja, y que, por orgullo y necesidad de dominar, se exija que uno de los miembros haga siempre la voluntad del otro.

Si vives en un medio machista, donde la mujer tiene que cocinar, lavar, trapear y velar exclusivamente por el hogar, la creencia del hombre es que la mujer le pertenece y, por ende, ella no puede hacer nada sin su consentimiento. Esta creencia hace que la mujer se sienta despreciada, y puede llegar a ser tan fuerte y marcada, que la persona que crece en un medio tan machista termina por aceptar ese estilo de vida, a pesar de vivir en completa infelicidad.

Creencias que pueden causarte apego material

- Sin dinero soy un don nadie.
- Sin dinero soy infeliz.
- Primero tengo que tener antes que ser.
- Lo que soy se mide por lo que tengo.
- El éxito es tener dinero y poseer cosas.
- La persona que no tiene dinero es una fracasada.
- Tus posesiones materiales muestran lo que eres, es decir, tú eres lo que tienes.
- Tus posesiones te hacen más atractivo.
- La ropa, las joyas y la marca que uses muestran tu posición social.
- Teniendo dinero, vas a ser reconocido y aprobado por los demás.
- Viajar y conocer el mundo te pone en una posición superior a los otros.
- Para pertenecer a un grupo social, debes vestir de cierta forma o "estar a la moda".

- Si utilizas accesorios de marca, tu clase social sube de nivel, etcétera.

Creencias que pueden causarte apego ideológico

- Triunfar es tener poder, reputación y prestigio, sin importar lo que deba hacer o sacrificar para conseguirlo.
- Lo único importante es lo que la gente dice de ti.
- Dios es un ser castigador, autoritario y exigente.
- Si no profesas mi misma religión, estás en pecado y te condenarás.
- Mi religión es la única que tiene la razón y la verdad; las demás están equivocadas.
- Mi partido político es el único honesto y transparente.
- Siempre que doy, debo recibir algo a cambio.
- Perdono pero no olvido.
- Mi equipo de futbol es el mejor.
- Ese es un trabajo exclusivamente para hombres, las mujeres no pueden hacerlo; etcétera.

Si miramos estas creencias a fondo, encontraremos que el miedo está enmascarado sutilmente, generándonos una dependencia emocional a esa creencia. Por esta razón, el siguiente paso es identificar los miedos con los que fuimos criados, y que arrastramos por la vida.

Identificando nuestros miedos

"Nuestros miedos no detienen a la muerte, sino al amor y a la vida. El miedo, con todo su poder, no puede vencer ni detener a la muerte, pero sí detener el flujo de la vida que nos conduce a la paz interior."

El mar, que es manso y transparente, también arremete con toda su potencia y representar un serio peligro para quienes están cerca de él. Así es el miedo; nos ayuda a percibir todo tipo de peligros, desde los más leves hasta los más turbulentos y destructivos, para salvar nuestras vidas, pero también nos puede paralizar, nublar la razón y el entendimiento, haciéndonos vivir una vida miserable y, en casos extremos, llevarnos a la muerte.

¿Alguna vez has sentido miedo de perder a la persona que amas? Alguna vez, por miedo a perder a esa persona, ¿has hecho cosas en contra de tu corazón? ¿Alguna vez has sentido que te quedas paralizado ante una situación que no esperabas? ¿Alguna vez tuviste mucha tensión y miedo de que algo malo sucedería y transcurrido el tiempo te diste cuenta de que nada pasó?

El miedo es una emoción básica, generada espontáneamente para poder sobrevivir ante un peligro inminente. El miedo activa la circulación de la sangre, los músculos más grandes se fortalecen y tu cuerpo reacciona para que escapes de una situación que puede afectarte. *El miedo visto así es útil y necesario en nuestras vidas.* El problema surge cuando tu mente, con todas las ideas preconcebidas, creencias y experiencias del pasado, entra en contacto con esa emoción, haciendo que se transforme en un miedo irracional o en un falso temor que te paraliza, nubla tu entendimiento y te lleva a actuar sin razón. En ese momento, se crean las fobias y los pánicos infundados.

Tenemos la falsa creencia de que el amor y el odio son opuestos, cuando en realidad son todo lo contrario. En este momento, puedes amar a una persona y, de repente, ella te menosprecia, rechaza o hace algo que consideras una ofensa; inmediatamente, puedes transformar lo que sentías en odio. Pero si esa persona te da una excusa, te abraza y muestra un verdadero arrepentimiento, fácilmente vuelves a amarla. Es decir, que el amor y el odio son la misma energía, se complementan y transforman continuamente.

Lo que es diametralmente opuesto al amor es el miedo. Nunca pueden compartir juntos el mismo espacio, como lo hacen amor y odio. Durante toda la vida, nos han dicho que para amar de verdad debemos tener a nuestro lado y poseer a la persona amada, cuando en realidad lo que esto nos causa es sufrimiento, debido al miedo de perder a esa persona. Esto lo llamamos apego. Por tal razón, *el alimento predilecto del apego es el miedo.* Cuanto más te aferres al miedo, más se debilitará el amor. Esto nos muestra que de modo inconsciente basamos nuestras relaciones afectivas en el miedo y el apego, en lugar de hacerlo en el amor. El amor nutre la relación y te da el poder de disfrutar y experimentar la vida de múltiples maneras, mientras el miedo te paraliza e incapacita para experimentar una vida tranquila y serena.

Nos han enseñado a buscar el amor y la felicidad en cosas externas, superficiales y pasajeras, y cuando sentimos que esas cosas se nos van y no podemos retenerlas, le damos la oportunidad al apego de que sea nuestro verdugo, nos maltrate y deteriore nuestra vida. En ese momento, el miedo se apodera de nosotros, ya que creemos que no podemos ser felices sin esas cosas. Por tanto, si enfrentamos nuestros miedos y los eliminamos, destruiremos las raíces de las cuales se nutre y se fortalece el apego. Cuando esto sucede, disfrutamos el amor desde el verdadero estado de consciencia.

Nuestras vidas están llenas de miedos camuflados sutilmente en nuestra inconsciencia. Para trabajar a fondo nuestros miedos y llegar a liberarlos, primero debemos identificar los más frecuentes que sentimos.

¿Cuáles son los miedos que sentimos cuando tenemos una relación afectiva en la cual hemos depositado nuestra felicidad? Miedo a la soledad, a perder a la persona amada, a perder la comodidad.

Miedo a la soledad

Somos seres totalmente individuales, auténticos y únicos. Si bien durante nuestra vida estamos rodeados de personas que nos acompañan temporalmente de acuerdo con la etapa que vivimos, la realidad es que la soledad es nuestra misma naturaleza, pero no tenemos consciencia de ella, porque desde pequeños nos han enseñado que para sentirnos bien no podemos estar solos, sino acompañados de alguien o de algo. Por esa razón, cuando estábamos solos, buscaban mantenernos ocupados o entretenidos en cosas externas a nosotros, como la compañía de un oso de peluche durante la noche, un televisor, un radio encendido, un libro de cuentos, un juguete o, como en mi caso, mi perrito pastor collie y mi espada de plástico verde fosforescente, compañeros inseparables que me hacían sentir protegido.

Cuando no teníamos esas distracciones o compañías a nuestro alrededor, cuando no teníamos nada que hacer y nos sentíamos extraños a nosotros mismos, nuestra mente divagaba y transformaba la belleza natural y exótica de la soledad en miedo. Así, con este condicionamiento, crecimos buscando personas que llenaran nuestro vacío y, finalmente, nos apegamos a ellas.

Creamos una gran barrera entre nuestro interior y las cosas del exterior, y tercamente tratamos de llenar el vacío interior con cosas externas o personas. Pero la realidad es que por más que intentemos llenar ese vacío con cosas externas, nuestra insatisfacción, angustia y miedo a la soledad crecerán. Nuestra anhelada paz no la encontraremos en las cosas del exterior; la hallaremos solamente cuando miremos hacia nuestro interior. Es tan simple como tratar de llenar una vasija rota. Por más que le eches agua, nunca la llenarás, porque se sale por las grietas.

Muchas veces, al sentir miedo a la soledad, nos involucramos en relaciones afectivas, por pasar el tiempo y no sentirnos solos. Pero cualquier relación que se cree a causa del miedo no puede darle realización ni trascendencia a tu vida, porque su raíz está podrida; es decir, no amas a esa persona, la utilizas por miedo a estar solo. Y quizá ella tampoco te ama, ya que, igual que tú, te manipula y utiliza para no estar sola. Si usas a alguien, lo menosprecias y alejas, y al hacerlo demuestras que no le tienes respeto y lo encadenas.

Es decir, en aras del maravilloso y extraordinario amor (que no es amor sino apego), pueden ocurrir miles de cosas, excepto el amor verdadero, que jamás crecerá basado en el miedo. Si pasas por esta situación, lo más seguro es que tu ego te diga que estoy equivocado cómo pienso semejante tontería. El ego no quiere ser desenmascarado y menos perder su poder, y se defiende ridiculizando o atacando. Por eso, un refrán popular muy sabio dice: "La verdad duele."

De manera equivocada, pensamos que estar solos es estar aislados del mundo, sin querer entender que la soledad proveniente de tu silencio interior, de la plenitud de tu corazón y de tu libertad personal, brinda paz, armonía, felicidad. Esto hace que la soledad por temor o miedo sea siempre negativa, pero la que emana de nuestra propia naturaleza es bella, creativa, ilumina y enriquece nuestra vida.

Lo creas o no, la soledad es tu amiga fiel, pero puede volverse en tu contra si le eres infiel, cuando tratas de reemplazar toda esa infinita paz que ella te brinda con los placeres mundanos y ruidosos del exterior. La soledad es tu enemiga cuando no aceptas con el ser que tienes en tu interior.

Si desde hoy tomas *consciencia del poder que se encuentra en tu interior* y, a través del silencio y la meditación, te dejas abrazar por la soledad, podrás sumergirte y regocijarte en ella. Entonces, en ese lugar que creías oscuro, negro y deprimente, encontrarás la luz, encontrarás el amor de Dios.

Miedo a perder a la persona amada

Al basar el supuesto amor en el miedo a la soledad, nos aferramos a esa persona y, entonces, surge el temor de que nos deje, nos sea infiel o muera.

Cuando damos rienda suelta a estos miedos, nuestra vida se convierte en un infierno, ya que los celos, la manipulación y el chantaje emocional dirigen nuestra relación. Este miedo hace que la persona sienta y experimente emociones perversas, se descontrole y se obsesione hasta que empieza a ver lo que no existe. Puedes reprimir esas emociones, guardar rencor y angustia en tu corazón, hasta el momento en que se rebosa la copa y explota sin medir las consecuencias, sin importar con quién o dónde estés; o esas emociones pueden convertirse en un chantaje emocional o manipulación, se llega a hacer el papel de víctima para llamar la atención del ser querido, mostrándole todo lo que te has sacrificado y sufrido; así, se entra en una eterna cantaleta.

Para manipular, muchas personas utilizan mecanismos de presión más astutos, como quitarle a la pareja el apoyo económico, ignorarla, no hablarle, desaparecer por periodos prolongados, hacerle creer que tienen otra persona en sus vidas o utilizar los gritos, las amenazas, y el abuso del alcohol o las drogas que, muchas veces, llevan a los golpes.

Tenemos miedo de que el ser querido, nuestro gran amor, desaparezca o muera, al igual que una rosa en el jardín, que cuando se marchita, por más esfuerzo que hagamos, jamás volverá a recobrar su color, su forma, ni su fragancia. Por más que trates de revivirla, tarde o temprano aceptarás que está muerta. Por eso, no debes guardar falsas esperanzas ni expectativas de que las cosas volverán a ser como antes. El pasado se fué y no volverá, pero nuevas cosas vendrán a tu vida; al igual que la flor marchita cae y muere, otras nuevas y fragantes flores nacerán. Por tanto, no te aferres a nada ni a nadie porque allí estará tu vacío. Esa es la única realidad que tienes. Muchas veces, este vacío es tan fuerte y te nubla la razón de tal manera que te puede llevar a tomar decisiones apresuradas, sin sentido, totalmente incoherentes; a cometer locuras, como elegir estar con alguien con quien no quieres, sumergirte en el mundo del alcohol, las drogas, la violencia o, peor aún, sentir que no quieres hacer nada en tu vida, querer morir o suicidarte.

Por eso, es importante darle tiempo al tiempo y despertar tu consciencia para aceptar y comprender que esa persona ya no está. En ese momento, comenzarás a *disfrutar de tu soledad*. Pero, si por el contrario no lo aceptas y luchas incansablemente por recuperar lo que ya no volverá, sufrirás intensamente. Este sufrimiento puede durar toda una vida, pero recuerda que viniste a este mundo a disfrutar, no a sufrir, y solamente cuando despiertes a la realidad y dejes que todo fluya libremente y se orqueste armoniosamente dentro de un plan divino, lograrás la tan anhelada paz interior.

Un campesino tenía una mula vieja. Un día, por descuido, la mula cayó en un pozo. El campesino escuchó los bramidos del animal y corrió a ver qué sucedía. Después de analizar la situación, él creyó que no había forma fácil de sacarla y sería mejor sepultarla ahí mismo para no verla sufrir. El campesino comenzó a tirar tierra al hueco, encima de la mula. Ella, al ver que la tierra y las piedras le estaban cayendo encima del lomo, comenzó a sacudirse y a subir sobre la tierra. Ella entonces, pensó: "Con cada palada de tierra que me caiga encima, voy a sacudirme fuertemente sin importar lo dolorosos que sean los golpes y voy a pararme encima de la tierra que caiga." La mula luchó contra el miedo y continuó sacudiéndose y subiendo. A sus pies, el nivel del piso se elevaba cada vez más. El campesino, sorprendido, captó la estrategia de la mula y eso lo alentó a continuar paleando hasta el punto en que la mula, a pesar del cansancio, dio un brinco y salió del pozo.

La tierra que parecía que la enterraría se convirtió en su salvación, gracias a la forma en que ella enfrentó la adversidad. Igual pasa en la vida. Cuando le haces frente a tus problemas y no te preguntas por qué sino para qué, vencerás el miedo y lograrás que *lo que considerabas un problema se convierta en una oportunidad* para salir adelante.

Por eso, si consideras que no puedes recuperarte por el miedo que tienes de vivir sin el ser que amas y sientes que caes en un hueco profundo, realiza un alto en el camino y trata de entender que lo que ocurre tiene una razón de ser. Deja que el problema que creaste en tu mente siga su curso, fluya y, cuando menos pienses, entenderás qué debes aprender de la situación.

Miedo a perder la comodidad

Existen muchas personas a quienes su pareja les es infiel, abusa de ellas, las maltrata, las insulta, ridiculiza, incluso les coarta la libertad; pero por no perder la "comodidad" económica, social o laboral, optan por engañarse y, con una actitud miope, minimizan lo que les causa tanto dolor y permanecen a su lado.

Es una situación típica entre parejas, debido a la dependencia económica que existe entre ellas. Generalmente es más frecuente ver este caso entre mujeres, ya que, por miedo a que tanto ellas como sus hijos pierdan las comodidades o la satisfacción de algunas necesidades, sacrifican su existencia y viven una vida de soledad, amargura, angustia o desesperación. Estas personas tratan por todos los medios de disimular el sufrimiento, se engañan y justifican sus acciones.

Aparte de los miedos que sentimos cuando tenemos una relación afectiva en la cual hemos depositado nuestra felicidad, también hay otros miedos por apego ideológico.

¿Cuáles son los miedos que sentimos cuando tenemos un apego material? Miedo a perder nuestra comodidad, nuestra posición social; a perder la fuente material del placer; a no tener dinero para el futuro; miedo a perder las amistades.

¿Cuáles son los miedos que sentimos cuando tenemos un apego ideológico? Miedo a no tener la razón y aceptar que se está equivocado; a sentirse culpable o a cometer un pecado, contrariando un precepto religioso; miedo a perder el poder, el prestigio y la reputación.

Si no eliges enfrentar tus miedos con valentía, responsabilidad y consciencia, mañana dedicarás tiempo a escapar, como un cobarde, de las garras de tus miedos, los cuales pueden conducirte a una depresión profunda o a un estado lamentable al que nunca imaginaste llegar.

En una ocasión, un monje que predicaba la paz interior y el no perturbarse por ningún acontecimiento externo que pasara en la vida fue invitado a un almuerzo campestre por unos amigos que estaban cansados de escuchar siempre el mismo sermón. Ellos le prepararon una trampa para ridiculizarlo y darle una gran lección.

De camino hacia el sitio donde se preparaba un suculento banquete en su honor, le dijeron que donde se veía el humo era el lugar de la reunión, pero que ellos se acababan de acordar que habían dejado el hielo y las bebidas en el carro. Le sugirieron que siguiera solo y ellos lo alcanzarían más tarde. Estas personas habían conseguido tres perros adiestrados para atacar y los habían dejado amarrados por mucho tiempo. Cuando vieron que el monje estaba solo, le dieron la orden al vigilante de que los soltara. Rápidamente, los perros furiosos salieron arrojando baba, con los ojos chispeantes de rabia y a gran velocidad, hacia donde estaba el monje. Él, al verlos, aspiró profundamente aire por su nariz, los miró fijamente a los ojos e inmediatamente empezó a correr a gran velocidad hacia ellos. Los perros al ver que el monje venía corriendo, frenaron en seco y huyeron asustados.

La explicación era simple. Los perros habían sido adiestrados para atacar y perseguir, no para que los persiguieran y la única persona que los había perseguido era el adiestrador, cuando los golpeaba y castigaba, pero eso no lo sabía nadie.

Los organizadores del plan, totalmente asombrados, se acercaron hipócritamente y le preguntaron al monje cómo había logrado que los perros se retiraran. Plácidamente, él les respondió: "Mis queridos discípulos, cuando tengan miedo, mírenlo fijo, corran con todas sus fuerzas hacia él y el fantasma del miedo inmediatamente desaparecerá."

Identificando nuestros pensamientos, sentimientos y emociones

"Para que un pensamiento altere y transforme tu mundo interior, el requisito indispensable es sentirlo."

Si observas un lago azul y transparente, toda la naturaleza a su alrededor se verá reflejada en él. De la misma forma, nuestros sentimientos son el reflejo natural de nuestros pensamientos.

Por tu mente pasan miles de pensamientos a diario, en su mayoría repetitivos, inconscientes y, por si fuera poco, negativos, contaminados por ideas basadas en el miedo. Estos pensamientos tienen un flujo normal, pero con cualquier acontecimiento externo desagradable, se disparan y giran día y noche alrededor del mismo problema. Esto hace que la persona se desgaste física, mental y espiritualmente.

En el momento en que te asocias con un pensamiento negativo, aparece el sentimiento y, después de sentirlo, tu mundo interior se ve alterado. Por esta razón, es importante tener consciencia de los pensamientos que pasan por tu mente, ya que de inmediato identificarás cuáles te hacen sentir triste, angustiado o enojado. Si dejas ese pensamiento suelto, sin ningún control, se apoderará de tu mente; si no lo transformas o reemplazas, tendrá un efecto directo sobre tus sentimientos y emociones.

Como en tu cabeza tienes miles de pensamientos que vienen de diferentes fuentes, es complejo identificar exactamente los que te hacen sentir mal. Por eso, la forma más sencilla de identificar nuestros pensamientos es observar atentamente nuestras emociones. Ellas te guían y te hacen darte cuenta de lo que atraes a tu vida.

Algunas emociones nos hacen sentir bien (alegría, paz, esperanza) y otras mal (tristeza, culpabilidad, ira, miedo). Cuando pierdes algo a lo que estabas apegado, tus emociones son negativas, porque te sientes mal. Esto quiere decir que tu emoción te guía y dice que lo que piensas y sientes en ese instante no es congruente con lo que quieres. Allí hay una señal de que debes cambiar tu manera de pensar.

Generalmente, cuando existe apego, se tienen dos tipos de pensamientos que nos causan dolor:

- *Pensamientos del pasado*: la mayoría son recuerdos traídos al presente, haciendo que la nostalgia y el dolor se manifiesten nuevamente. A veces, caemos en un círculo vicioso en el que rumiamos de manera inconsciente los mismos pensamientos del pasado y nos desgastamos emocionalmente sin saber por qué.
- *Pensamientos del futuro*: generalmente se asocian con la angustia, el temor y el miedo a la soledad o a perder lo conseguido.

Para cambiar o reemplazar un pensamiento, debes entender que se basa en una creencia falsa o equivocada, ya que te causa dolor; que el pensamiento o el sentimiento están dentro de ti, no en la realidad o en lo que vives en el exterior. No hay nada ni nadie en este mundo que tenga el poder ni la fuerza para hacerte infeliz y desgraciado;

pero eso tú no lo sabes o no quieres creerlo, ya que nos enseñaron lo contrario.

Tú tienes el poder para elegir y decidir cambiar tu vida. Cuando comprendas que ese pensamiento y ese sentimiento vienen de una creencia falsa, la identifiques y reemplaces, verás la realidad del pensamiento para cambiarlo de modo consciente. No te identifiques con el sentimiento ya que no te pertenece. No creas que, porque tienes ese sentimiento, tu ser es así. Tú no eres el sentimiento. Observa muy bien tus palabras y no digas: "Yo soy depresivo, yo estoy triste", porque eso será lo que atraerás a tu vida. Tampoco digas: "Yo no soy depresivo, yo no estoy triste" (ya que el cerebro no procesa el no y, por ende, también será la depresión y la tristeza lo que atraerás a tu vida). Debes entender que tú no eres la depresión ni la tristeza, son simplemente estados emocionales por los que, en determinado momento, pasas. *En su lugar, debes enfocar tu atención en imágenes mentales positivas.* Si lo que quieres es estar alegre, feliz y tranquilo, lleva a tu mente imágenes vívidas que reflejen estos estados.

Por todo lo anterior, es importante que entiendas que aquellos que nosotros llamamos problemas no lo son; son simplemente creaciones de la mente como respuesta a un acontecimiento que nos ha molestado, ya que va en contra de nuestras creencias preconcebidas. Aunque te resistas a creerlo, tú no tienes problemas; solamente piensas que los tienes. El verdadero problema surge cuando te asocias con eso que tu mente creó, y en ese momento comienzas a sufrir.

Cierto día al atardecer, dos monjes caminaban; iban orando y reflexionando. Estando cerca del río que debían cruzar, se les acercó una mujer de baja estatura y les pidió que le ayudaran a atravesar el río. Inmediatamente, uno de ellos le dijo que sí, mientras el otro le dirigió una mirada de desaprobación. El primero subió a la mujer en sus hombros y, después de atravesar el río, la dejó en el piso. Feliz, la mujer le dio las gracias y partió.

Los dos monjes siguieron caminando y el que no había aprobado la decisión del otro le dijo: "¿Por qué subiste a esa mujer sobre tus hombros? ¿Acaso no sabes que en el monasterio nos tienen prohibido tener contacto con mujeres?" Su compañero se limitó a guardar silencio.

Siguieron su camino y el monje insistía con sus preguntas, pero el otro monje no le contestaba absolutamente nada. Ya casi llegando al monasterio, volvió a cuestionarlo por lo que había hecho y el otro al fin le contestó: "Hace más de cuatro horas que aquella mujer ya no está en mi cabeza, pero sigue en la tuya. ¿Qué ganas con hacerte daño teniendo en tu mente cosas del pasado? ¿Qué ganas con tener en tu mente cosas que te afectan?"

Entonces, yo te pregunto: ¿Por qué si tus problemas fueron creados por ti, siempre estás echándole la culpa a los demás? Si buscas la paz, cambia tú y no pienses en cambiar a los otros. *Es más fácil calzarte unos zapatos que alfombrar la tierra.* ¿De qué sirve definir y hablar tanto de paz si realmente no disfrutas de ella?

Entonces, ¿para qué preocuparnos por las cosas que no pueden cambiarse? La lluvia moja y el sol calienta; son dos hechos que no pueden modificarse. Si hablan mal de ti, está bien; si hablan bien de ti, también está bien; son cosas que no pueden cambiarse. Tú no tienes ese control. No te angusties por lo que está fuera de ti, porque si centras tu atención en esas cosas y ellas son negativas, eso será lo que atraerás a tu vida.

Aunque te cueste trabajo entenderlo, *eso que tú llamas problema es una oportunidad para crecer*. Siempre existen dos caras: puedes mirar con ojos de amor y con una mente abierta sin asociarte y no sufrir, o puedes mirar con ojos de temor y miedo, y asociarte y sufrir. Tienes dos opciones para resolver el problema: buscar una solución, en caso de que la tenga, o dejar que las cosas fluyan, en caso de no tenerla.

Y por último, no te preocupes si a tu mente continúan llegando pensamientos y sentimientos negativos: son llamadas de atención de que continúas dormido; por eso, son una herramienta útil para despertar tu consciencia.

Entendiendo el dolor

"El dolor es un amigo desleal cuando la mente lo seduce y lo convierte en sufrimiento."

A través de mi vida, he experimentado muchísimas veces el dolor en múltiples formas y he presenciado el dolor desgarrador de otros en innumerables y diversas situaciones.

He sentido el profundo dolor de ver morir a la mujer que más amaba; el dolor de ver, cuando estábamos secuestrados, cómo frente a mí asesinaban a mi mejor amigo; el dolor que me causaba la infidelidad, el desprecio y el engaño de la mujer que amaba; el dolor que me causó ver a mi hija Alejandra caer desde un tobogán y sentir que iba a morir; el dolor de la crítica, el enjuiciamiento y la murmuración despiadada de la gente, sabiendo que lo que decían no era cierto; el dolor de ver a mi nieta Agustina, indefensa, luchando en cuidados intensivos por su vida y el dolor que esto le generaba a mi hijo Esteban; el dolor que me producía el frío cuando estaba ascendiendo al monasterio en los Himalaya y el ayuno y el silencio de cuarenta días en el Tíbet; el dolor de ver a los niños sobreviviendo en una alcantarilla pestilente; el dolor de ver a muchos niños a quienes les rociaban gasolina para quemarlos vivos o les disparaban a quemarropa; el dolor de estar atrapado en una corriente poderosa de agua negra en una alcantarilla, sujetando con todas las fuerzas a dos pequeños, y tener que elegir soltar a uno para no morir los tres; el dolor de ver morir, en la Navidad de 1973, a una niña inocente de la calle, aplastada por un camión cuando iba a recoger la caja vacía de una muñeca que estaba tirada en la calle.

Si hubiera dejado que mi mente guardara durante mucho tiempo estos dolores en mi corazón y muchos más que he sentido a través de mi vida, se habrían convertido en un gran sufrimiento y me hubieran generado, probablemente, una profunda depresión.

Por eso insisto tanto en la importancia de experimentar la vida desde el estado de consciencia del ser, el cual genera la fuerza para actuar desde el amor y no desde el temor, que es el estado de la inconsciencia, donde el sufrimiento es amo y señor.

Contrario a esto, las personas le tienen miedo al dolor y lo ven como su gran enemigo, tratan de ignorarlo o se resisten a él, sin darse cuenta de que ahí es donde se vuelve más poderoso y se transforma en sufrimiento.

Existe una gran diferencia entre el dolor y el sufrimiento. El dolor es causado por múltiples circunstancias (biológicas, físicas, sociales, culturales, religiosas) y, sin importar de qué tipo sean, el dolor simplemente está ahí. El sufrimiento es un hecho estrictamente mental; es la interpretación que hace tu mente del dolor que se padece. Es el efecto, nunca la causa.

Si trotas rápidamente, sientes que tu corazón late muy fuerte. Si repentinamente sientes dolor en el pecho, tu cuerpo te envía una señal de alerta, para que pares o disminuyas la intensidad del ejercicio. Es un aviso preventivo natural de tu cuerpo. Si no haces caso de este dolor, probablemente tendrás un problema mayor, que puede ser desde un simple mareo o desmayo, hasta un infarto. Estos avisos pueden ser interpretados de acuerdo con la percepción que tengas en ese momento.

Es decir, puedes sentir que te vas a morir y angustiarte profundamente, intensificando así el dolor o respirar profundamente, tranquilizarte y pensar que todo volverá a la normalidad. En ti está el poder de la elección.

En un hospital, dos pacientes que padecían un gran dolor se encontraban en cuidados intensivos. El que estaba al lado de la ventana, sin importar el dolor que sentía, le describía a su compañero el espectacular paisaje que tenía frente a él. Se pasaba las horas contándole, con lujo de detalles, cómo los patos abrían sus alas y volaban sobre aquel hermoso lago azul y cómo los niños corrían incansablemente, tratando de alcanzarlos. Le describía las escenas de los enamorados que caminaban alrededor del parque, tomados de la mano. En ocasiones, le describía los magníficos y espectaculares colores del atardecer y el sol que reflejaba en el agua. Todas estas imágenes llenaban de satisfacción y alegraban las horas de dolor de su compañero.

Así transcurrieron varias semanas, hasta que un día el paciente de la ventana amaneció muerto. Sorprendido y con gran tristeza al ver que levantaban el cuerpo de su amigo y la cama quedaba desocupada, con voz entrecortada le pidió a la enfermera que lo cambiaran a la cama de su difunto y querido amigo.

Haciendo caso de su petición, la enfermera lo cambió de lugar y él, muy feliz, le pidió que le levantara el espaldar de su cama, para ver el atardecer en el lago que su amigo describía tan pictóricamente. La enfermera, sorprendida, le preguntó: "¿De qué lago y de qué atardecer está hablando? Esta ventana da contra un muro viejo y sucio del edificio de enfrente." Él le dijo: "No puede ser, levánteme porque mi amigo siempre me describía con lujo de detalles las cosas tan lindas que veía por la ventana." Más sorprendida aún, la enfermera le contestó: "Es imposible que su compañero hubiera visto eso, porque en el accidente que tuvo, perdió la vista." Con lágrimas en sus ojos, en ese momento, él apreció aún más a su compañero, quien, a pesar del dolor que soportaba, siempre trató amorosamente de distraerlo para mitigarle el dolor que padecía y evitar, así, que este se transformara en sufrimiento.

Más allá de la enseñanza de esta historia, lo que el paciente que murió nunca supo fue que utilizó inconscientemente una de las técnicas védicas ancestrales más eficientes y poderosas para manejar el dolor y evitar el sufrimiento.

En Occidente, tenemos ideas tan supremamente cerradas y arraigadas en nuestro entendimiento, que muchas veces nos bloqueamos totalmente a cualquier tipo de insinuación respecto a la solución espiritual en el manejo del dolor y del sufrimiento.

El dolor tanto físico como emocional puede manejarse de la misma manera. Lo aprendí en uno de mis viajes al Tíbet, cuando tenía un fuerte dolor en mi costilla, a causa de un golpe recibido en un accidente dos meses antes en el sur de la India.

Mi maestro, al notar mi situación, se acercó a mí y me dijo que el sufrimiento era pura imaginación, que no era real. Yo, muy sorprendido, le respondí: "¿De qué hablas? ¿Acaso no te das cuenta de que me estoy retorciendo del dolor y ni siquiera puedo caminar bien?" En ese momento, pensé que él estaba totalmente loco, y tomé una actitud de indiferencia, no prestándole atención a lo que me decía. Él se me acercó sonriente y, poniéndome su mano derecha sobre mi hombro, me miró fijo a los ojos y me dijo: "Tú no eres quien sufre es la persona que tú crees y te imaginas ser. Y no existe en el mundo la posibilidad de que tú puedas sufrir." No entendí en absoluto qué me decía, ni a qué se refería mi maestro, ya que el dolor no me dejaba ni pensar.

Continué soportandalo por algunos días y me dijo nuevamente: "Entiendo tu actitud displicente y tus dudas. Tienes todo el derecho de pensar así y de permanecer en el estado en que te encuentras, pero si abres tu mente y tu corazón y me escuchas en silencio, sin tratar de cuestionarme tanto, verás que tu dolor desaparecerá."

En ese momento, respiré profundamente, me tranquilicé y escuché sus palabras.

Él me dijo: "Deja de mirar el dolor como un enemigo y de resistirte a enfrentarlo. Míralo como un amigo fiel que te avisa que algo no anda bien en tu cuerpo. Trata de imaginar cómo es su forma y su manifestación. Siente su intensidad y, conscientemente, al ritmo de tu respiración, cuando vas inhalando profundamente por tu nariz, trata de contraer el dolor, y cuando exhales lentamente por la boca, trata de expandirlo, sintiendo cómo el dolor se mueve hacia arriba y hacia abajo, hacia un lado y hacia el otro; luego, míralo desde una posición perceptual, desde afuera, como si tú fueras un espectador."

Gracias a él, desde entonces, entendí que *el poder del proceso curativo radica en la observación silenciosa, positiva, permanente y focalizada de tu mente.* Debes desarrollar una imagen visual clara y nítida de que te estás sanando y curando, y tu mente creativa, en silencio total, hará los ajustes necesarios para que se acelere el proceso de curación. Esto mismo lo aprendemos diariamente de la naturaleza. Observa el proceso lento de una semilla que, con el tiempo, se abre, sale la raíz, comienza a crecer una planta, hasta que brota la flor. Ante este proceso, no hay que hacer nada aparte de observar. Lentamente, ella elabora su proceso. Así de simple, al igual que la naturaleza, deja fluir sin esfuerzo, sin tensión y te liberarás de eso que tanto te causa dolor o molesta.

Hacia una consciencia superior

*A medida que profundizas en tu consciencia,
te liberarás hasta lograr la paz interior total.*

Probablemente, en este momento identificaste algunas cadenas limitantes que afectan tu vida y no te dejan disfrutar a plenitud. Te preguntarás cómo realmente vas a liberarte de todo y llegar a *amar en libertad* para recuperar tu paz interior y encontrar la verdadera felicidad.

Si siempre eliges, decides y actúas de la misma manera, y tus resultados hasta hoy sólo te han traído tristeza y sufrimiento, ello significa que debes pensar de una forma distinta, elegir opciones diferentes y actuar con resolución firme, con fuerza de voluntad y consciencia pura. Esto te dará la oportunidad de desprenderte de esas cadenas que te amarran, porque si sigues actuando de la misma forma y estás esperando que un golpe de suerte cambie tu situación, la probabilidad de que esto suceda es muy baja.

Para llegar a una consciencia superior, abre tu mente y muéstrate dispuesto a aprender cosas nuevas y a renovar tu conocimiento. La solución es integral. Debes trabajar cuerpo, mente y espíritu de manera armónica y equilibrado.

Llegan a mí miles de personas que sufren depresión debido al apego, desesperadas en busca de una solución. Yo les sugiero un plan de acción muy sencillo para trabajar cuerpo, mente y espíritu, basado no solamente en mi experiencia, sino en la de muchísimos seres humanos que lo han practicado con excelentes resultados.

Este plan general de acción puedes cambiarlo de acuerdo con tus necesidades, gustos y prioridades. Es un plan diario que debes realizar durante mínimo 21 días seguidos, hasta formar este hábito. De ahí en adelante, te recomiendo adoptarlo por el resto de tu vida, ya que te ayudará a mantenerte en equilibrio y a que brote la alegría desbordante de tu corazón en cada paso que des.

El cuerpo

Nuestro cuerpo es el hilo conductor de la vida. Si muere el cuerpo, muere la vida. Él nos da la oportunidad de conectarnos con el exterior a través de nuestros sentidos, y con nuestro interior a través de la mente.

Tu cuerpo es un templo donde habita Dios y, por eso, debes hacer de él un lugar agradable, limpio y sano. Según lo trates, será tu vida.

Es imposible separar el cuerpo de la mente, si cuidas tu cuerpo, tu mente probablemente estará sana; y si tienes un buen manejo de tu mente, tu cuerpo se verá beneficiado. Recuerda que lo que tú piensas, eso sientes. Si tienes pensamientos de rencor, tu cuerpo somatizará esos resentimientos muy probablemente en forma de gastritis, úlcera, problemas estomacales, dolor de espalda, dolor de cabeza, nervios o, en un caso extremo, cáncer gástrico.

Por todo esto, lo primero que debes practicar es una rutina que brinde al cuerpo los requerimientos mínimos para estar sano, mejorar el flujo sanguíneo y aumentar la energía. Adopta estas recomendaciones: alimentación balanceada, ejercicio físico diario y ayuno.

- *Alimentación balanceada:* analiza si existen alimentos que consideras no le convienen a tu organismo, ya que este no los digiere ni procesa bien. No tienes que volverte vegetariano ni fanático de las dietas. Obviamente, si en tu vida diaria predominan los vegetales, frutas y alimentos sanos, tu cuerpo va a sentir los beneficios. Si puedes incorporar algunos alimentos naturales sin químicos en tu dieta, hazlo. El éxito está en el balance, ya que todo extremo es vicioso.
- *Ejercicio físico diario:* es importante que comiences a realizar una rutina diaria de ejercicios, preferiblemente al amanecer. Recomiendo que esta rutina dure mínimo 40 minutos. En caso de que no puedas hacerlo al amanecer, reserva espacio durante el día o la noche.
- *Ayuno:* realiza un ayuno de 24 horas, tomando solamente agua, para liberarte de las toxinas guardadas durante años en tu organismo y para ejercitar tu fuerza de voluntad. Comparte los alimentos que no comerás durante esas 24 horas

con una persona que tenga hambre o se encuen-
tre en la calle. Trata de repetir este ayuno cada
seis meses. En caso de que tengas diabetes o uses
insulina, no debes ayunar, pero sí comer menos
durante un día.

La mente

A través de la mente, puedes aprender a observarte.
Esto quiere decir que diariamente te observes a ti mismo
cuanto te sea posible y todo lo que sucede a tu alrededor,
como si le estuviera sucediendo a otra persona (segunda
posición perceptual, ver página 57). La autoobservación
te llevará a vivir una vida con consciencia, lo cual significa que podrás comenzar a disfrutar plenamente tu
vida, ya que tú serás el artífice y el creador de tu propio
destino. Para que esto sea una realidad en tu vida, debes
tener disciplina y convertir la autoobservación en un
hábito. A largo plazo, tendrás una gran satisfacción.

Si logras incorporar la autoobservación a tu
vida, comenzarás a pensar con consciencia, a hablar con
consciencia y a actuar con consciencia. Esa coherencia
entre cómo hablas, piensas y actúas te llevará a alcanzar
tu liberación interior. Dejarás de vivir tu vida de manera
condicionada, programada y mecánica, y comenzarás
a vivir en el esplendor y la magia del amor que emana
naturalmente de tu consciencia.

Cuando te observes, ten en cuenta varios aspectos
que analizaremos a continuación:

Tus relaciones con el mundo

Observa cómo es la relación con tu mundo; ésta puede ser una de las causas por las que sufres. Saca tiempo para analizar la manera en que el ego influencia tu vida. Este es un proceso interior, razón por la cual no debes engañarte. Debes profundizar y tomarte tu tiempo, dado que desenmascarar al ego es un proceso de paciencia y de reconocimiento profundo de ti mismo. Va a tratar de engañarte y no te dejará ver con claridad.

¿Consideras que el ego es quien maneja tu vida? Para entender esto, debes profundizar en las siguientes preguntas:

- ¿Tu vida está basada en tener?

  _____

  _____

- ¿Vas por el mundo siguiendo a los demás, imitando y copiando los modelos de comportamiento social y de etiqueta, así no te sientas bien?

  _____

  _____

- ¿Siempre buscas aprobación y reconocimiento en tu grupo social, cultural o de moda?

  _____

  _____

- ¿El prestigio, el poder y el reconocimiento son tan importantes en tu vida que no importa que por ellos pierdas tu tranquilidad?

  _____

  _____

- ¿Experimentas angustia, dolor o sufrimiento por circunstancias externas a ti?

  _____

  _____

- ¿Tienes una actitud insaciable de competir?

  _____

  _____

- ¿Te comparas permanentemente con los demás en cualquier área de tu vida?

  _____

  _____

- ¿Consideras que siempre tienes la razón, y tratas de que tu pareja siempre te la dé?

  _____

  _____

- ¿Les recuerdas permanentemente a los demás lo que conseguiste y lo que has logrado hasta ahora?

  _____

  _____

- ¿Crees que el éxito es tener dinero, poder y reputación?

  _____

  _____

- ¿Te sientes mejor que los demás porque consideras que físicamente eres apuesto, porque vistes con ropa de marca, porque tienes un auto último modelo?

  _____

  _____

Tus relaciones con los demás

Si estás pendiente de que la gente te reconozca y te diga que estás bien, prepárate y despierta, porque estás dando el paso para caer en la trampa; la próxima vez que te digan que estás mal, sufrirás.

- ¿Has depositado tu felicidad en una persona?

  _____

  _____

- ¿Buscas siempre a quien culpar cuando tienes una frustración?

  _____

  _____

- ¿Buscas por todos los medios el reconocimiento de quien te rechaza o no te aprueba?

  _____

  _____

- ¿Te comparas permanentemente con tu pareja o con las demás personas?

  _____

  _____

- ¿Cuando te adulan o te endulzan el oído te sientes feliz, pero si te critican o menosprecian te sientes infeliz?

  _____

  _____

Emociones y pensamientos que manejan tu vida

Identifica qué tipo de pensamientos manejas; si son negativos o positivos y si experimentas emociones que te hacen sentir bien o emociones que te hacen sentir mal. Cada vez que tengas una emoción que te perturbe o te cause sufrimiento, simplemente obsérvala y compréndela, ya que será tu guía fiel que te iluminará el camino para poder descubrir lo que tu mente está pensando y, por ende, atrayendo a tu vida.

Primero, observa tu cuerpo, ya que es tu vehículo conductor. Aprende a observar todos tus movimientos y gestos; te darás cuenta, en algún momento, de que lo que hacías de manera inconsciente desaparecerá. Relaja tu cuerpo y siéntelo más liviano, más suelto. Danza al compás de tu cuerpo; siente esa música sutil que proviene de tu corazón. Ahora, detente y observa tu mente, tus pensamientos. Ellos son mucho más veloces que tu cuerpo. Toma un papel y un lápiz y, con la mano contraria a la que escribes, comienza a plasmar todos los pensamientos que llegan a tu cabeza. Haz esto durante cinco minutos. Ahora, nuevamente, observa todos esos pensamientos y escríbelos en otra hoja de papel con la mano que habitualmente escribes. Una vez hayas terminado, vuelve a leerlos con tranquilidad. Te darás cuenta fácilmente qué está reinando en tu mente. Entenderás qué cosas afectan tu mente y qué cosas mueven tu corazón. Cuando miras con consciencia, verás que tú no eres esos pensamientos, pero si te asocias con ellos, entonces, serán parte de ti.

Identifica los pensamientos que llegan a tu mente, tu vida irá de acuerdo a como pienses: son positivos, tu vida será hermosa y alegre; pero si son negativos, entonces tu vida será triste y deprimente. De ahí la importancia de identificar tus pensamientos y de reemplazar los pensamientos negativos por positivos. Cuando tu cuerpo y tu mente entran en armonía, rápidamente logras un estado de paz y tranquilidad. Realiza este ejercicio todos los días, mientras adquieres el hábito de identificar y reemplazar tus pensamientos. Lo más importante es adquirir el hábito de focalizar tu atención en aquellos pensamientos positivos que quieres, los cuales pueden ser pensamientos de amor, bondad, paz, alegría, abundancia y felicidad, entre otros, porque eso es lo que a partir de hoy llegará a tu vida. Afirma tus nuevos pensamientos en voz alta, cuéntalos, decrétalos y siéntelos. Cierra tus ojos y experiméntalos con todos tus sentidos.

Creencias que te hacen daño y te causan apego

Si estás perturbado, ve a la raíz de esa emoción, ya que ahí es donde radica el sufrimiento. Siempre encontrarás que, detrás de esa perturbación, existe una creencia basada en el miedo. Debes observar atentamente tu adicción: de dónde viene y por qué no puede vivir sin esa fuente de placer (creencia). Al identificar la creencia que te genera la adicción, debes observarla, comprenderla y reemplazarla por una nueva creencia que te libere de la inconsciencia que genera sufrimiento y te causa tanto daño.

Para identificar las creencias que afectan tu vida de manera negativa, debes regresar a tu infancia y adolescencia y mirar con detenimiento, sin engañarte, la manera en que te desarrollaste en tu entorno familiar, social y escolar. Esto toma tiempo y debes realizarlo de la manera más analítica que puedas. Analiza cuáles de estas creencias son realmente válidas para ti:

- Creencias de tu país, creencias de tu ciudad:

    _____

    _____

- Creencias religiosas:

    _____

    _____

- Creencias sociales:

    _____

    _____

- Creencias acerca del dinero:

    _____

    _____

- Creencias de la clase social donde creciste:

    _____

    _____

- Creencias políticas:

    _____

    _____

- Creencias culturales:

    _____

    _____

- Creencias de tu idiosincrasia:

_____

_____

Miedos que manejan tu vida

Debemos analizar cuáles son los miedos que permanentemente nos hacen sufrir, nos limitan o no nos dejan vivir la vida en plenitud. Para poder identificar los miedos, debes analizar tus emociones, ya que serán la guía para llegar a la raíz de tus miedos. Al identificar esos miedos que generalmente están basados en múltiples creencias, tendrás las bases suficientes para que más adelante, con las herramientas de visualización creativa, meditación y servicio que te voy a dar, enfrentes y venzas el fantasma del miedo. Tómate tu tiempo ya que cuanta más sinceridad, honestidad y profundidad haya en tus respuestas, mayor será tu bienestar.

- Identifica los miedos que sientes de perder a la persona a la que estás apegado.

_____

_____

- Identifica los miedos que tienes de perder las cosas materiales que son importantes para ti.

_____

_____

- Identifica los miedos que tienes por estar apegado a una ideología específica (política, religiosa, sexual).

_____

_____

- Detrás de cada excusa, existe un miedo. Identifica las excusas que diariamente tienes y verás un miedo detrás.

_____

_____

Identifica y trasciende el dolor

Cierra los ojos y siéntate sin hacer ningún esfuerzo. Estira y relaja tus pies, tus manos, tu cuello, todo tu cuerpo. Busca cualquier fuente de malestar que te genere dolor y desequilibrio; préstale atención y no la ignores, porque harás que tu consciencia vaya o siga ahí. No ignores las señales del cuerpo, identifícalas. Deja y libera el miedo. Un dolor leve nos asusta y si le damos fuerza a este miedo, no identificaremos la respuesta natural que el cuerpo está tratando de dar. Mira dónde está el malestar, identifica cómo es, siéntelo, no lo identifiques con el dolor ni con el sufrimiento, suelta ese condicionamiento del pasado. El dolor es totalmente diferente al sufrimiento; el sufrimiento es un hecho mental, es tu interpretación de esa señal de dolor en sí misma; el dolor es neutral.

No mires el dolor como un enemigo, sino como un indicador, un amigo fiel que te avisa que ha llegado el momento de elegir y cambiar. Cierra los ojos por un momento y deja que tu consciencia y tus pensamientos fluyan libremente ahora, ponle mucha atención a esa sensación. Identifica de dónde viene y en qué órgano de tu cuerpo la sientes. Experimenta a fondo la sensación, sin miedo. En este momento, tu inteligencia superior o consciencia divina empieza a elaborar la curación interna. Tan simple como cuando eras un bebé. Llorabas si algo te dolía o molestaba, e inmediatamente tu madre te prestaba toda su atención; inmediatamente, te tranquilizabas y dejabas de llorar. Así es tu cuerpo. Cuando le pones atención y eliges soltar y liberar, te tranquilizas y sanas, porque todas tus células tienen una inteligencia individual.

Una vez que identifiques los pensamientos, sentimientos y emociones que tanto te perturban, ve a un lugar de la naturaleza donde puedas encontrar un árbol. Descálzate, retírate aproximadamente 15 pasos de él, visualízalo y comienza a caminar lentamente hacia él. Una vez hayas llegado, abrázalo fuertemente con tus brazos y tus pies, trae a tu mente el pensamiento y el sentimiento que te perturba, y deposítalo en el árbol. Con los ojos cerrados, expresa en voz alta todo lo que sientes y quédate ahí hasta que consideres que has liberado la energía negativa. El árbol ejerce una atracción de energía tan fuerte, que atrae hasta la fuerza poderosa de un rayo. De la misma forma, ejerce un campo de atracción y nos ayuda a transmutar y transformar nuestra energía. Una vez creas que estás mejor, dale gracias al árbol por recibir lo que tanto te perturbaba y recuérdalo como un amigo fiel que siempre estará allí para ti, que te dará sus frutos, su sombra, su fragancia y su energía cuando lo necesites.

Soluciones específicas para cada caso

Las personas reaccionan de diferentes formas ante una circunstancia externa que genera el apego. Haremos un mapa para ir observando paso a paso lo que estás sintiendo y pensando, y puedas ver, entender y comprender que el dolor que experimentas no es más que una creación de tu mente.

- *Problemas entre parejas*
  1. Identifica lo que sucede en tu interior. Anota, en una libreta que guardarás por un tiempo, cada una de las cosas que identifiques en tu caso específico, de acuerdo a tu situación.
      a. Plantea el problema que has creado.
         Ejemplo: Mi pareja me fue infiel y se fue de la casa con esa persona.
      b. Identifica la emoción más fuerte que se desencadena por el sentimiento que tienes.
         Ejemplo: Ira por sentirse engañado.
      c. Identifica el sentimiento que nace en ti cuando te asocias con ese pensamiento.
         Ejemplo: No puedo vivir solo. La vida no tiene sentido (miedo).

d. Identifica el pensamiento que te perturba. Ejemplo: ¿Por qué esa persona me fue infiel, si yo le di todo mi amor? La odio.

e. Identifica la creencia que hace que estés sintiendo todo lo anterior.

Ejemplo: En el matrimonio o en una relación de pareja, debe haber fidelidad hasta la muerte. Desde el momento en que me uno a una persona, me pertenece.

2. Experimenta todos estos pensamientos, sentimientos y emociones en tu corazón, hasta el límite, es decir, intensifícalos. No tengas miedo de que esto te cause dolor.

3. Concentra toda tu atención en el origen de ese dolor.

4. Ahora, toma esos pensamientos, sentimientos y emociones, y míralos desde una percepción diferente a ti. Imagina que están en una pantalla de cine y tú los observas desde tu asiento, pero no te involucras ni te asocias con ellos. Simplemente, los observas y dejas que fluyan. Así te disociarás de ese dolor y verás que todos esos pensamientos han sido creados estrictamente por tu mente contaminada por el ego. Permite que esa creación elaborada por tu mente sea desintegrada, desmaterializada; libérala y suéltala. Entiende que tú no eres esa emoción, no eres esos sentimientos, no eres ese dolor. Sólo obsérvalos y déjalos que se vayan desmaterializando. La única forma de

sacarte a una persona de tu vida es cuando la ves tal cual es y no como la has creado en tu mente. En ese momento, verás la realidad, ya que entenderás lo que sucede; una vez pase esto, ella saldrá de tu vida.

5. A partir de hoy, cada vez que ese pensamiento destructivo regrese a tu mente, realiza una afirmación verbal en voz alta y reemplaza ese pensamiento negativo por el opuesto en positivo. Deja que ese pensamiento emane libremente de tu corazón, basado en el amor, no en el temor. Ejemplo: "Vivo feliz y me siento dichoso disfrutando mi libertad." Repite esto tres veces en voz alta, siempre que ese pensamiento negativo venga a tu mente.

   Comienza a pensar que eres un ser lleno de luz, amor, paz y felicidad. Observa los pensamientos tontos con los que te habías acostumbrado a asociarte y deja que pasen. De ahora en adelante, debes ser consciente de que esos pensamientos tontos son como el agua y tú eres como una barca que flota, navega y fluye en el mar. Debes estar pendiente de que el agua no se entre dentro de la embarcación.

6. Magnifica los defectos que esa persona tenía, cada vez que su recuerdo llegue a ti, y minimiza sus cualidades. De esta forma, cada vez tendrás menos deseos de estar con ella, ya que entenderás la realidad de lo que no querías ver.

7. Regresa el tiempo, antes de conocer a esa persona que te causa tanto daño, cuando tu vida transcurría normalmente, sin ese dolor y la angustia que estás experimentando. ¿Estabas tranquilo y sereno? ¿Disfrutabas de tu vida con lo que tenías en ese momento? La paz y la tranquilidad volverán a ti y podrás revivir esos buenos momentos.

8. Observa y disfruta la paz que estás logrando al no vivir en esa dependencia y en esas situaciones tan desagradables y frustrantes.

- *Cuando se muere un ser querido*

1. Identifica lo que sucede en tu interior. Anota, en una libreta que guardarás por un tiempo, cada una de las cosas que identifiques en tu caso específico, de acuerdo a tu situación.

   a. Plantea el problema.
      Ejemplo: El ser que amaba se murió y me dejó solo.

   b. Identifica la emoción.
      Ejemplo: Miedo a la soledad.

   c. Identifica el sentimiento.
      Ejemplo: No sé cómo vivir solo, ni quiero hacerlo.

   d. Identifica el pensamiento (cada persona puede tener un pensamiento diferente de acuerdo a la situación).
      Ejemplo: ¿Por qué tenía que morir antes que yo y dejarme solo?

   e. Identifica la creencia.

     Ejemplo: Siempre debo estar acompañado de alguien para ser feliz. No puedo llegar a mi vejez solo.

2. Experimenta todos estos pensamientos, sentimientos y emociones en tu corazón, hasta el límite, es decir, intensifícalos. No tengas miedo de que esto te cause dolor.

3. Concentra toda tu atención en el origen de ese dolor.

4. Ahora, toma esos sentimientos y míralos desde una percepción diferente a ti. Imagina que esos pensamientos, sentimientos y emociones están en una pantalla de cine y tú los observas desde tu asiento, pero no te involucras, ni te asocias con ellos. Simplemente los observas y dejas que fluyan y que pasen. Así, te disociarás de ese dolor, y verás que todos esos pensamientos han sido creados estrictamente por tu mente contaminada por el ego. Permite que esa creación elaborada por tu mente sea desintegrada, desmaterializada; libérala y suéltala. Entiende que tú no eres esa emoción, no eres esos sentimientos, no eres ese dolor. Obsérvalos y permite que se vayan desmaterializando.

5. A partir de hoy, cada vez que ese pensamiento negativo regrese a tu mente, realiza una afirmación verbal en voz alta y reemplaza ese pensamiento negativo por el opuesto en positivo.

Deja que ese pensamiento emane libremente de tu corazón, basado en el amor, no en el temor. Ejemplo: "Soy feliz porque, aunque el cuerpo de mi ser querido ya no me acompaña, su espíritu está en mi corazón e ilumina mi camino." Repite esto tres veces en voz alta siempre que ese pensamiento negativo venga a tu mente.

Comienza a pensar que eres un ser lleno de luz, amor, paz y felicidad. De ahora en adelante, se consciente de que eres como una barca que flota, navega y fluye en el mar. Cuida que el agua no entre dentro de la embarcación.

6. Elabora preguntas que te lleven a despertar tu consciencia y a darte cuenta del error o del estado de inconsciencia en que estás. ¿Qué beneficios me trae sufrir, aislarme y guardar luto? ¿Por qué soy tan orgulloso y egoísta y no acepto la voluntad de Dios?

7. Devuélvete en el tiempo, antes de conocer a esa persona que murió, cuando tu vida transcurría normalmente sin ese dolor y la angustia que estás experimentando. ¿Estabas tranquilo y sereno? ¿Disfrutabas de tu vida con lo que tenías en ese momento? Esto te demuestra que la paz y la tranquilidad volverán a ti y podrás revivir esos buenos momentos.

8. Escríbele una carta en la que plasmes todos los sentimientos y emociones que quedaron reprimidos en tu corazón y que quieres liberar. Escríbele

todas las cosas que en vida hubieras querido expresarle y que probablemente nunca le dijiste, y todas las que estás sintiendo, ya que esa persona no se encuentra a tu lado. Enciende una vela y quema la carta. A medida que se quema, pídele a Dios que te libere de ese dolor y que te ayude a conseguir nuevamente la paz y la tranquilidad.

9. A partir de hoy, a pesar de tus creencias, quítate el luto y vístete de un color alegre. Frecuenta sitios nuevos, busca innovar y realiza todas las cosas que siempre quisiste hacer y que no realizaste por estar complaciendo a la persona que ya no está contigo. Recupera tus sueños y trata de materializarlos. Ponles fe, pasión y amor; así, poco a poco, recuperarás tu fuerza interior.

- *Cuando se tiene un apego material*

1. Identifica lo que sucede en tu interior. Anota, en una libreta que guardarás por un tiempo, cada una de las cosas que identifiques en tu caso específico, de acuerdo a tu situación.

   a. Plantea el problema.
      Ejemplo: Me despidieron de la empresa y estoy desempleado y sin dinero.

   b. Identifica la emoción.
      Ejemplo: Miedo al futuro.

   c. Identifica el sentimiento.
      Ejemplo: Siento que mi vida se derrumbó.

    d. Identifica el pensamiento (cada persona pue-
de tener un pensamiento diferente de acuerdo a su situación).

    Ejemplo: No soy capaz de salir adelante sin
ese empleo. No sé en qué más trabajar.

    e. Identifica la creencia.

    Ejemplo: Sin dinero soy infeliz, soy un don
nadie.

2. Experimenta todos estos pensamientos, sentimientos y emociones en tu corazón, hasta el límite, es decir, intensifícalos. No tengas miedo de
que esto te cause dolor.

3. Concentra toda tu atención en el origen de ese
dolor.

4. Ahora, toma esos sentimientos y míralos desde
una percepción diferente a ti. Imagina que esos
pensamientos, sentimientos y emociones están
en una pantalla de cine y tú los observas desde
tu asiento, pero no te involucras, ni te asocias
con ellos. Simplemente los observas y dejas que
fluyan y que pasen. Así, disociarás de ese dolor,
y verás que todos esos pensamientos han sido
creados estrictamente por tu mente contaminada por el ego. Permite que esa creación elaborada por tu mente sea desintegrada, desmaterializada; libérala y suéltala. Entiende que tú no
eres esa emoción, no eres esos sentimientos,
no eres ese dolor. Obsérvalos y déjalos que se
vayan desmaterializando.

5. A partir de hoy, cada vez que ese pensamiento negativo regrese a tu mente, realiza una afirmación verbal en voz alta y reemplaza ese pensamiento negativo por el opuesto en positivo. Deja que ese pensamiento emane libremente de tu corazón, basado en el amor, no en el temor. Ejemplo: "Agradezco las cosas simples y lindas que tengo en este momento. Soy un ser de luz, amor y abundancia. El universo tiene infinitas posibilidades para mí." Repite esto tres veces en voz alta siempre que ese pensamiento negativo venga a tu mente.

   Todas las mañanas al despertar, comienza por agradecer y piensa durante cinco minutos que eres un ser lleno de luz, amor, paz y felicidad. Enfoca toda tu atención en las cosas positivas que quieres conseguir.

6. Tómate un tiempo para pensar sin miedo en las metas y objetivos a corto plazo que quieres lograr. Imagina el tipo de empleo que quisieras conseguir y qué otro tipo de ingresos podrías lograr. Hay un abanico de múltiples oportunidades para ti; solamente debes explorar tus dones, cualidades y conocimientos.

7. Dibuja en un papel todo aquello que quieres conseguir y elabora un plan de acción cronológico con metas concretas a corto plazo.

8. Visualiza eso que quieres conseguir (más adelante, se profundiza en la técnica de la visualización

creativa). Siéntelo, experiméntalo y vívelo con todos tus sentidos, como si ya lo hubieras conseguido. Cierra tus ojos y haz una imagen vívida. Imagina lo que harías cuando ya lo tengas. Imagina ese día, tu familia, tus amigos, el entorno físico, etcétera.

El espíritu

Al dar los pasos anteriores, avanzas varios escalones en el camino hacia la espiritualidad, pero para llegar a un estado de consciencia superior donde encontrarás el amor auténtico, la paz renovadora y la luz divina, deberás trabajar tu espíritu.

La visualización creativa y la meditación son las herramientas que te guiarán para evolucionar en este campo; pero lo que te potencializará y te ayudará a evolucionar, crecer y trascender es el servicio amoroso a los demás y a todo lo que te rodea, sin esperar ninguna compensación.

Independientemente del tipo de creencias que tengas, para vivir la espiritualidad de una manera profunda, auténtica y simple, es necesario que conviertas las herramientas anteriores en hábitos de vida; esto te dará la fortaleza suficiente para que el espíritu se manifieste libre y espontáneamente a través del pensamiento, la palabra y la obra.

Para lograr evolucionar en este campo, debes:

- Utilizar la visualización creativa diariamente como herramienta principal para cambiar tu mundo y atraer a tu vida lo que deseas.
- Incorporar la meditación como parte fundamental de tus actividades diarias para poder vivir una vida plena, sin apegos.
- Realizar un acto de amor diario con la gente que te rodea o con gente que esté sufriendo, sin esperar recibir nada a cambio.

A continuación, encontrarás una explicación amplia y profunda de estas herramientas, para que, una vez las proceses y entiendas, las pongas en acción, elaborando un plan específico y profundo que se ajuste a tus gustos y facilidades.

La visualización creativa

"Cuando visualizas, puedes llegar a materializar aquello que quieres para tu vida."

Desde muy pequeño, he utilizado la técnica de la visualización creativa, la cual consiste en utilizar el poder de la imaginación para crear y materializar lo que nosotros queremos y deseamos en la vida. Probablemente, tú también la has utilizado mucho más de lo que crees y quizás no te has dado cuenta de ello. Por eso, quiero explicarte de qué manera funciona nuestra mente y cómo ella utiliza la visualización para crear nuestra propia realidad.

146 Te amo... pero soy feliz sin ti

Debemos tener en cuenta que nuestra vida está influenciada por dos realidades. Por un lado, por todo lo que sucede en el mundo exterior, o sea todos los condicionamientos y estímulos que nos llegan a través de nuestros cinco sentidos; y por otro lado, todo lo que sucede únicamente dentro de nosotros mismos. Esta última realidad rige nuestro comportamiento, nuestras acciones, reacciones y puede encadenar o dar nuestra libertad emocional. Esto se debe a que nuestro cerebro no distingue entre un acontecimiento real y uno imaginado.

Es importante entender que el cerebro es como un computador central, que controla todas las funciones de nuestro cuerpo, tanto las conscientes (hablar, caminar, cantar, etc.) como las inconscientes (la respiración, la digestión, el ritmo cardiaco, etcétera).

Más allá de las funciones físicas, el cerebro también es quien le ordena al cuerpo reaccionar ante un acontecimiento que está ocurriendo. Lo que sucede es que la mente no distingue la realidad de la fantasía. Es decir, que si estás viendo en cine una película que te apasiona y te involucras en ella, puedes sentir el mismo dolor o tristeza, alegría o tranquilidad, como si te estuviera sucediendo realmente en tu vida. La respuesta a dicho estímulo es la misma. Esto quiere decir que si ocurre algún acontecimiento desagradable en nuestra vida o si imaginamos que este va a ocurrir, para el cerebro es lo mismo. Simplemente ordena la respuesta adecuada al cuerpo. Esta es la razón por la cual el estrés nos afecta y causa tantas enfermedades.

El cerebro no solamente emite una respuesta física al cuerpo, sino que programa también un patrón de comportamiento, y de acuerdo a como nos comportemos, serán los resultados, ya sean positivos o negativos para nuestra vida.

La clave y el poder de la visualización creativa está entonces en que al crear una realidad interior, automáticamente, el cerebro programa la pauta de conducta adecuada, y esta pauta nos lleva a los resultados. Por eso, única y exclusivamente depende de nosotros que a través de nuestros pensamientos creemos la realidad que queremos obtener. Es importante que observes qué tipo de pensamientos tanto conscientes, como inconscientes tienes ya que si tus pensamientos son negativos, tus emociones también lo serán y, por ende, tu comportamiento y por supuesto tu realidad también; pero si tus pensamientos son positivos, de paz, abundancia y amor, eso será lo que tendrás.

De ahí la importancia de que tengas consciencia de tus pensamientos pasados, presentes o futuros, ya que sin importar si estás recordando, visualizando o imaginando momentos que has vivido o vivirás, estarás activando una cadena de pensamientos que atraerás y crearán esa realidad en ti.

La idea entonces es que a partir de hoy utilices la visualización creativa, para atraer lo que quieres para tu futuro y puedas cambiar lo que has construido hasta hoy.

La magia de la visualización creativa nos hace conscientes y nos ayuda a descubrir y a utilizar el poder de nuestra imaginación para crear una imagen mental o una representación vívida de algo que deseamos que se materialice. Si nos enfocamos en esa idea, imagen o sensación, le inyectaremos energía positiva hasta que se convierta en una realidad. Nuestro objetivo puede ser de cualquier tipo: físico, mental, emocional o espiritual. La visualización creativa puede ser manejada para obtener felicidad, plenitud, salud, buenas relaciones, un trabajo gratificante, para expresarnos como somos, e inclusive para hacer una transformación interna y profunda del mundo propio, para que el espíritu crezca y expanda su consciencia.

La visualización creativa nos ayuda a comprender y a apreciar mejor los principios y las leyes naturales que rigen la acción de nuestro universo, y a usar estos principios de la manera más consciente, imaginativa y creativa, atrayendo abundancia a nuestras vidas.

No puedes usar esta técnica para controlar el comportamiento de los demás o lo que vaya en contra de su voluntad o de su libre albedrío. El regalo que la visualización nos da es destruir nuestras barreras internas, nuestros miedos y dudas que se hallan en oposición al estado de consciencia natural de nuestro ser, que es el amor, y así poder realizarnos como personas libres y manifestar nuestros aspectos más positivos a los demás.

Esta técnica es muy simple, pero muy poderosa:

- Ponte cómodo y observa tu respiración por un minuto.

- Deja de lado los pensamientos negativos y las cosas malas que rodean tu vida. Deja atrás los miedos y las dudas.

- Enfócate y haz una lista de las cosas pequeñas y simples que Dios y la vida te han dado, agradeciendo por ellas, sobre todo, enfócate especialmente en tus cualidades y dones. Busca cualquier cosa que te pueda hacer sentir bien o te dé tranquilidad en este momento.

- Usa toda tu imaginación y creatividad para hacer una imagen vívida, colorida y descriptiva de lo que quieres lograr y experimenta la imagen con todos tus sentidos: huélela, pálpala, siéntela, obsérvala.

- Dibuja la imagen que imaginas o recorta de una revista alguna que lo represente. Carga esa imagen contigo o déjala en un sitio fijo donde la veas continuamente.

- Cierra los ojos, y lleva esa imagen al entrecejo. Trata de fijar todos los detalles del dibujo en tu memoria. Abre los ojos y compara los detalles con el dibujo realizado.

- Pídele con toda tu fe lo que deseas materializar a ese ser superior, a la energía o a aquello en lo que crees.

- Desplázate en el tiempo. Ve al futuro y siente, con toda tu pasión y toda tu fuerza, que eso que deseas ya lo conseguiste. Imagina el momento en que lo consigues. Imagina cómo es el sitio, con qué personas estás, cómo es el clima, etcétera.

- Vuelve a tu presente, alegre, contento y feliz. Deja que las cosas fluyan. No te aferres a lo que pediste, porque sufrirás. Si lo haces, no darás al universo la oportunidad de entreguártelo. Continúa disfrutando lo que tienes en tu presente. Siempre existen cosas bellas que puedes disfrutar mientras obtienes otras mejores.

- Debes estar totalmente abierto y receptivo, y utilizar tu intuición para reconocer las señales que el universo te envía. Cuando sientas que se manifestan en tu vida, no dudes en actuar con toda tu convicción. Tienes que estar totalmente seguro de que llegará.

Lo más importante de este proceso es tu modo de sentir, ya que de acuerdo con esos sentimientos podrás comprender y dirigir tus pensamientos.

Debes realizar este proceso a diario, cada vez más consciente. Cuantas veces puedas, mejor. Llevará algún tiempo; por tanto, debes convertirlo en un hábito. Lo importante es disfrutar de cada paso en la consecución de tu sueño, sentir la magia de la vida mientras estés en el proceso.

No puedes pedir nada que vaya en contra de la voluntad de otras personas ni de su libre albedrío.

Al aplicar esta visualización, el éxito radica en que siempre te enfoques en lo positivo que quieres atraer a tu vida. Debes ser congruente y estar en la misma frecuencia con lo que quieres materializar. Cuando lo piensas, sientes y quieres atraer a tu vida vibran en una misma frecuencia, lo tendrás. Si piensas de manera positiva, te sientes feliz y la imagen que quieres de tu vida está llena de pasión, amor y agradecimiento, te sentirás maravilloso, y eso será lo que obtendrás. Cuando te llegue algo negativo, debes reemplazarlo por la imagen positiva que creaste.

La visualización creativa puede ser manejada para hacer una transformación interna y profunda de tu mundo, para que tu espíritu pueda crecer y expandir la consciencia.

Un hombre le pidió un consejo a un maestro espiritual para estar en paz y ser feliz. El maestro le dijo: "Busca la felicidad más en dar que en recibir, más en tu interior que en el exterior." El discípulo volvió poco tiempo después para contarle que, aunque ahora era más dichoso, aún no encontraba la felicidad plena. El maestro le sugirió que buscara la felicidad en las buenas relaciones y no en muchas posesiones y más en las cosas pequeñas y simples que Dios y la vida le daban, que en las grandes y complejas. Una vez más, el discípulo regresó y le dijo que aún no era feliz. El maestro, entonces, lo invitó a una experiencia de meditación y a un baño purificador. Después de meditar, fueron a un río y cuando el discípulo se descuidó, el maestro lo tomó con fuerza y lo sostuvo con la cabeza sumergida en el agua. El joven trataba en vano de soltarse y su fornido maestro lo sujetaba con vigor. Al fin, cuando le quedaba el último aliento, se zafó del maestro y salió a tomar aire con todas sus ganas. El maestro se paró al frente, le sonrió y, viendo la fuerza con la que tomaba aire, le dijo: "Mi querido discípulo, cuando busques la felicidad, cualquier meta o sueño en tu vida, si lo haces con esas mismas ganas, enfocándote en las cosas buenas que tienes y quieres lograr, tu vida estará rodeada de la paz y la felicidad que residen en tu interior."

La meditación te libera

"La meditación es un don con el que todos nacemos. Tú tienes el poder de desarrollarlo e implementarlo."

Desde niño, la meditación formó parte integral de mi crecimiento y evolución de modo natural y espontáneo. Aunque parezca desquiciado, debo agradecer a un profesor de mi colegio que me imponía constantemente el castigo de aislarme en un bosque solitario lleno de pinos y eucaliptos durante largas horas en las tardes, cuando mis compañeros regresaban felices a sus casas. Él jamás imaginó que ese castigo que me imponía para que sintiera miedo a la soledad, a los animales que probablemente habitaban allí, al "coco", a la mano peluda, a la madre Celestina y al duende de las mil cabezas, me conduciría a desarrollar la maravillosa habilidad de la meditación.

A mis nueve años, lleno de miedo, entré por primera vez a aquel bosque y obviamente lo primero que sentí fueron ganas de escapar; no lo hice porque el profesor se sentaba a la entrada del bosque a fumar cigarrillos Pielroja sin filtro, para cerciorarse de que yo permaneciera allí. Me advertía que si no cumplía con el castigo, me quedaría muchas horas más.

Al no tener ninguna opción, decidí comenzar a disfrutar lo que tenía y, al igual que cualquier niño, mi instinto inicial fue treparme a los árboles. Fue así como encontré mi pino silvestre preferido, en el cual pasaba largas horas: el tronco se abría en dos ramas, formando una especie de cama en el aire. Allí me acomodaba plácidamente a descansar, la altura me daba tranquilidad y la sensación de poder sobre todos los miedos y peligros de los que el profesor me hablaba. Comencé a disfrutar plenamente de la fragancia del árbol y a contemplar; no hacía absolutamente nada más. Fue pasando el tiempo y ese sitio se convirtió en mi refugio y mi lugar sagrado. Comencé a sentir ganas de regresar a aquel maravilloso lugar porque ahí encontraba paz y armonía total. Sentía que mi mente se dormía y se aquietaba, sin saber aún que eso se llamaba meditación, ya que en los años cincuenta las pocas personas que la realizaban eran consideradas excéntricas, fanáticas o de una secta en contra de Dios.

Recuerdo un momento muy especial en que el tiempo se suspendió; sentí una sensación indescriptible en la que yo veía mi cuerpo abajo del árbol y flotaba en el aire. Vi una luz resplandeciente que nunca antes había visto y no pertenecía a mi pequeño mundo. Desperté sobresaltado, bajé rápidamente del árbol y corrí a contarle a mi profesor lo que me ocurrió. El maestro, sonriendo pícaramente, me dijo: "Jaramillo, como tú eres tan necio y te portas tan mal, esa luz es el diablo que se te ha aparecido y quiere llevarte al infierno." Llegué a mi casa muy asustado y le conté todo a mi nana Estercita, quien dedicó su vida a cuidarnos, servirnos y querernos. Era como mi segunda madre. Ella me dijo: "Mijo, sentémonos a rezar el rosario." Por primera vez, debido al miedo que sentía, recé el rosario con la devoción, concentración y consciencia que jamás había tenido.

Cuando le conté a mis padres, ni siquiera me pusieron atención y creyeron que era una mentira, una exageración o una de mis locuras. También le conté la historia a mis amigos y uno de ellos, unos meses más tarde, me llevó un libro que sacó a escondidas de la biblioteca de su padre. Se llamaba *El cordón de plata*, escrito por Lobsang Rampa. Este libro me dio tranquilidad, ya que entendí que lo que yo había sentido no era el diablo, ni nada por el estilo. Gracias a él entendí que, a través de la respiración y la concentración de la mente, el espíritu podía salir del cuerpo y trascender el dolor y las barreras físicas.

Desde ese momento, la meditación se convirtió en parte esencial de mi vida y la disfruto plenamente sin perder nunca mi paz interior, incluso en los momentos más tenebrosos, difíciles y peligrosos, como cuando estuve secuestrado y, ante mis ojos, le quitaron la vida a mi compañero. De igual manera, por más de tres décadas, he enseñado este arte a miles de seres humanos, para que lo utilicen apropiadamente y logren una transformación profunda en sus vidas.

Es importante entender que la meditación es un don con el que todos nacemos. Tú tienes el poder de desarrollarlo e implementarlo de acuerdo con tus necesidades. El problema es que cuando nos educan nos enseñan que debemos "madurar", no ser "infantiles", no asombrarnos por tonterías, encasillándonos en rígidas y absurdas normas. Esas normas de comportamiento hacen que divaguemos la mirada y dejemos de lado el estado meditativo original de cuando éramos niños.

En todas partes, donde he tenido la oportunidad de compartir mis experiencias, aborde el tema del sufrimiento causado por el apego y he recomendado la meditación como el instrumento natural y simple que existe desde el comienzo de la creación, para trascender ese sufrimiento. Algunas veces, esto genera controversia, especialmente entre ciertos fanáticos de diferentes religiones o culturas, que tienen una visión totalmente limitada por sus sistemas de creencias o ideologías religiosas.

Muchas personas creen que vinieron al mundo a sufrir y sus religiones lo confirman. La realidad es que *viniste al mundo para sear feliz y compartir tu amor y tu paz interior con quienes te rodean.* La única forma de trascender el sufrimiento es a través de la meditación, ya que gracias a ella te convertirás en un testigo fiel de lo que pasa en tu mundo interior. De la misma forma en que los rayos del sol iluminan tu mundo externo, la meditación iluminará y hará resplandecer tu maravilloso mundo interior en el que reina el amor y en el cual reside tu ser.

Comienza a despertar una consciencia colectiva en este nuevo siglo y hay un gran afán por encontrar la espiritualidad, debido a que cada vez vemos más lejos y difícil de alcanzar el amor, la paz interior y la armonía entre cuerpo, mente y espíritu. Esta búsqueda se debe al gran vacío interior, causado por el estado de ansiedad producido por depositar todas nuestras energías en poseer, tener o manipular. Actualmente, el ser humano de Occidente se ha dado cuenta de los beneficios que la meditación le aporta y, por esto, muchas personas han comenzado a incorporarla a sus vidas.

Probablemente, en algún momento, has oído hablar de la meditación, pero no te sentiste atraído hacia ella por diferentes motivos. Por un lado, nos han dicho que esto tiene que ver con la religión y que su práctica no es bien vista, o nos muestran la meditación como algo que sólo realizan los budistas o las personas de Oriente, diciéndonos que no es propio de nuestra cultura. También, en algún momento, hemos visto personas que pronuncian algunos mantras en posiciones totalmente extrañas, incómodas y absurdas, que no entendemos, haciendo que las ridiculicemos y nos burlemos de ellas.

Quiero que quede muy claro que la meditación no tiene nada que ver con la religión, creencia o secta a la que perteneces. Si crees en Dios o no crees, si crees en el alma o no crees, si crees que hay vida después de la muerte o no crees, no es importante. Lo único seguro es que tú sí existes y la meditación es simplemente la llave para acceder a tu interior y, mientras estés vivo, penetres hasta lo más profundo de tu ser y disfrutes amorosa y plenamente tu paso por este mundo.

Te invito a que te des la oportunidad de desarrollar esta habilidad natural, para que la hagas parte esencial de tu estilo de vida y la uses no solamente una hora al día, al amanecer cuando trabajas tu despertar de la consciencia, sino también incorpórala en todas tus actividades diarias, como cuando estés haciendo deporte, cocinando, arreglando tu cuarto, trabajando, cantando, compartiendo con tu familia, divirtiéndote al compás de la música o simplemente, recostado en tu cama.

El estrés nace cuando realizas cosas que te causan tensión; la tensión generalmente la creas tú, dependiendo de la actitud que tengas ante la vida. La meditación te da claridad y te permite estar consciente de que las cosas que haces no te perturben ni te molesten y le encuentres sentido, cariño y amor a lo que estás realizas.

Para lograr esa transformación desde tu interior, debes entender, y procesar conceptos que te guiarán y darán la fuerza necesaria. De lo contrario, todo lo que realices será un cambio pasajero.

- Una vez identificadas tus cadenas y tomando consciencia de que necesitas un cambio en tu interior, abre tu mente para vivir este cambio, sin tener en cuenta qué piensen los demás.

- Debes soltar, relajar y dejar que todo fluya naturalmente sin esperar nada, sin expectativas,
porque cuanto más luches por cambiar, menos
lo lograrás. Cuanto más luches, más te debilitas,
más te agotas.

- Tu consciencia te dará el poder para alcanzar la
verdadera transformación, que viene solamente
desde tu interior, desde lo más profundo de tu
ser, porque los cambios que se hagan en el exterior serán superficiales. Una vez despierto tu
consciencia, tu carácter comenzará a cambiar y
tus emociones ya no te perturbarán ni te harán
reaccionar con ira, miedo o dolor. La consciencia
te permitirá estar en capacidad de observar tus
emociones y tus sistemas dc creencias, dejándolos
fluir libremente, sin aferrarte o asociarte a ellos.
En este momento, tu vida alcanzará una nueva
dimensión, que te conduce instantáneamente a
centrarte en tu ser.

- No tengas falsas expectativas ni albergues la esperanza de obtener la iluminación y ver resultados impactantes, como visiones extraordinarias
o milagros inesperados que invadan tu mente,
ya que podrás desilusionarte y sentir una gran
frustración. El verdadero poder transformador
de la meditación es mucho más simple, ordi-
nario y sutil de lo que supones; se refleja en un
cambio en tu cuerpo, tus emociones y tus sentimientos, haciendo que tu energía interna cure

y sane no sólo las heridas del alma sino las de tu organismo.

¿Qué es la meditación?

Cuando miro a los ojos a mi nieta Agustina, de trece meses de nacida, puedo ver que en su interior existe una gran inocencia. Más allá de esa inocencia, hay paz interior, acompañada de un silencio profundo. Ella permanece todo el tiempo en un estado meditativo natural, goza con todo, se ríe con todo y disfruta llevándose a la boca cualquier objeto, sucio o limpio. Siempre se muestra en un estado contemplativo y de observación profunda, pero al mismo tiempo totalmente alerta y despierta; su capacidad de asombro es inmensa y puedo ver en sus ojos su alma, porque es un ser de luz que lo único que sabe dar es amor y alegría.

Si no tuviéramos la influencia de la sociedad con toda su contaminación basada en el ego, el estado natural meditativo con que venimos al mundo sería el mismo de cualquier bebé y nos acompañaría toda la vida.

La meditación es entonces un viaje fantástico hacia lo desconocido de tu mundo interior: allí recuperarás el espacio perdido a través de los años.

En la meditación, en lugar de focalizar hacia lo exterior, cierras las ventanas y entras en tu mundo interior, observando y dejando aquietar tu mente. Dejas que, poco a poco, tu consciencia, que ha estado dispersa y enredada en cosas diferentes, se centre interiormente y repose suavemente en ti.

La meditación es volver a lo básico, a tu hogar, a tu templo sagrado, en el que sólo el amor y la paz reinan. Eso significa ser de nuevo un observador contemplativo con todos los sentidos, como cuando eras niño; un testigo permanente de cada cosa que sucede a tu alrededor, como cuando observas un ave que vuela en el cielo azul. La ves volando y escuchas claramente el sonido de su canto. Una cosa es el pájaro, o sea el objeto que observas, y otra eres tú, el sujeto que ve y escucha al pájaro. Pero cuando estás en un estado de relajación y silencio total, puedes ves y percibes la escena desde otra dimensión. Ves al pájaro volar y cantar, pero también te ves a ti observando a aquel pájaro. En ese momento, puedes comenzar a ver y experimentar más allá de tus sentidos, más allá del sueño profundo, pero estando consciente.

Lograr ese estado de consciencia es más que una experiencia; eres tú, es tu propio ser en toda su plenitud. Esto te da el poder de observar tranquilamente tu mente y ver cómo ella, lentamente, se va aquietando y quedando dormida. Es la esencia y el objetivo principal de la verdadera meditación. Es decir, no te asocias con lo que sucede, simplemente eres un testigo consciente y abierto que no tiene expectativas ni espera resultados. Sólo observa. Eso es meditar; es mirar, observar sin importa qué observes. La idea es que permanezcas en todo momento consciente, en estado de alerta; cualquier cosa que hagas con consciencia será meditación.

Cuando dejas de ser simplemente el que hace y te conviertes en el que observa, contemplarás todo lo que sucede a tu alrededor. Esta es la verdadera esencia, el gran secreto de la meditación. En este momento, harás cualquier cosa que te propongas, pequeña o grande, sin perder tu centro.

Cuando entiendas esto, comenzarás a realizar actividades sencillas (caminar, tender tu cama, cepillar tus dientes, vestirte, desayunar, hacer deporte), permaneciendo atento, siempre centrado en ti, sin que tu ser se altere. Encontrarás el verdadero sentido de la vida, ya que disfrutarás alegremente cada acción que realices sin prisa, ni afán, simplemente fluyendo. Tendrás una perspectiva diferente que te dará una visión amplia y totalmente nítida, porque estarás mirando desde afuera y te convertirás en un observador silencioso y tranquilo.

Lo que quiero decirte es que, independientemente de que tengas un maestro o no, lo que te llevará a conocerte a ti mismo y a experimentar el placer supremo de estar consciente, tranquilo, alerta y sereno será la práctica diaria de la meditación. Es un proceso que cada uno debe experimentar; no existe un manual, compendio, ni fórmula mágica para lograr que esto suceda. Es tan simple como si te digo, que en mis años que llevo en el buceo y nadando desarrollé una técnica espectacular para bucear y nadar en olas de 10 metros y en mar picado, y te doy una charla y te entrego un CD con todas las técnicas y todas las herramientas. Llegas a tu casa, observas el video, lees el libro, revisas tus apuntes y continúas haciéndolo todos los días hasta que te lo aprendes perfectamente bien.

Al cabo de un tiempo, ya tienes toda la teoría y el conocimiento en tu mente, te llamo y te digo que vayas conmigo al mar picado para que me muestres todo lo aprendido. Cuando te lances al mar picado, por más equipo y técnica sofisticada que tengas, si no has experimentado y practicado cómo respirar, nadar, relajar tu mente, usar tu equipo y tus herramientas, te ahogarás. Exactamente igual a esto es la meditación. Es un proceso paso a paso y, a medida que investigas, practicas y observas, nuevas puertas se te abrirán y encontrarás un abanico de posibilidades para mejorar tus habilidades y desarrollar ese arte divino. Como dice un dicho popular: "La práctica hace al maestro."

La idea es estar sereno y alegre todo el tiempo, o sea, alerta sin esfuerzo, en medio de cualquier inconveniente que se presente en nuestro mundo exterior. Es la esencia de la meditación. Es decir, debes entender y comprender, más que luchar contra las cosas externas que no puedes cambiar. Cuando luchas contra la oscuridad, no puedes hacer nada, pero si enciendes una pequeña vela, inmediatamente la oscuridad desaparece. Así es la meditación; cuando apagas la luz de una linterna en una noche de luna llena, no ves nada al principio, pero a los pocos segundos, empiezas a ver lo que antes no podías.

Si, por ejemplo, peleas con el ser que amas, te sientes triste y tienes rabia, pero no te asocias con tu tristeza ni con la de la otra persona, sino que sales y eres un observador, no te involucras con los sentimientos. Sólo, observas, comprendes y dejas que fluya y pase. Tu consciencia te dará la luz y las herramientas para manejar tus emociones.

La meditación te da el poder de disfrutar plenamente lo que tienes en el momento (seres queridos o cualquier cosa material) y te ayuda a trascender el estado del ego, el causante de todos tus sufrimientos (no le das importancia a lo que la gente dice de ti, no te preocupas por impresionar a los demás, te liberas del desgaste producido por tratar de ser mejor que los demás y comparándote con ellos; dejas de sentir rencor y angustia en tu corazón y moldeas naturalmente tu carácter); también, te da el poder de continuar disfrutando plenamente el momento, aunque perdieras por alguna razón cualquiera de estas cosas que te brindan bienestar, placer y seguridad, o si ellas desaparecieran de tu vida.

Etapas de la meditación

Para convertirte en un observador, ten en cuenta tu cuerpo, tu mente y tu espíritu. Lo primero es observar tu cuerpo, ya que él tu vehículo conductor. Debes aprender a observar tu respiración, los movimientos que diariamente realizas y los gestos que te caracterizan (como cuando estás escribiendo y sacas la lengua o aprietas los labios; o cuando estás pensando y pones tu dedo índice en el mentón; o cuando estás tensionado y frunces el ceño). Tan pronto observas tu cuerpo y respiración, te sientes más tranquilo, sereno y relajado. Ya no sentirás la mayoría de las cosas que te causaban tensión. Es decir, debes observar el lenguaje de tu cuerpo. Si bostezas, el cuerpo te avisa que tienes hambre, está cansado o necesita salir de donde está. Al detenerte en este bostezo, que era inconsciente, lo comprenderás y lo disfrutarás.

Si ya aprendiste a tener consciencia de tu cuerpo, comienza a observar todo lo que sucede en tu mente, porque recuerda que ni tus peores enemigos pueden hacerte tanto daño como tus propios pensamientos[2]. En tu mente, se suceden diariamente un promedio de sesenta mil pensamientos, los cuales, en su mayoría son repetitivos, inconscientes y, por si fuera poco, negativos. Por esta razón, debes observar en silencio qué pensamientos llegan a tu mente y te darás cuenta, al cabo de unos minutos, que en ella se alberga la loca de la casa. Tus pensamientos van y vienen sin ningún control y hacen de ti lo que quieren, te arrastran y pueden acabar con tu vida, porque recuerda esto: donde pones tu mente, ahí está tu corazón. Cuando tienes consciencia de tus pensamientos y los observas de manera natural, cambian y podrás ser maestro de tu mente y discípulo de tu corazón. Entonces, encontrarás paz interior y armonía entre tu cuerpo y tu mente.

Una vez lograda la armonía entre cuerpo y mente, trabaja con tu espíritu, observando tus emociones,

---

2 Ver el capítulo "El pensamiento renovador" (p. 33) en el libro *Volver a lo básico*.

sentimientos y actitudes. Este proceso es más complejo y exige una consciencia más alerta y profunda, dado que tus emociones, sentimientos y actitudes están turbias a causa del ego. Primero, desenmascáralo para ver la realidad de ellas y cómo se están manifistan en tu vida. Cuando las observas serenamente, no a cada una por aparte, sino fusionadas, unidas y mezcladas y funcionando en armonía, sentirás una alegría indescriptible que inunda e ilumina tu corazón.

Cuando observas con total consciencia cuerpo, pensamientos, emociones, sentimientos y actitudes, te preparas para ascender a donde pocos seres humanos han llegado: al verdadero despertar de tu consciencia suprema. Es decir, cuando seas totalmente consciente de tu propia consciencia, conocerás la dicha y el gozo total por el simple hecho de estar vivo, por estar en contemplación y apreciación permanente. En este estado, no hay perturbación, sufrimiento y dolor; simplemente, estás alerta, alegre y feliz. Tu consciencia te lleva a experimentar la fuerza más poderosa del mundo: el amor; entenderás que Dios es quien te habla.

El encanto de la vida radica en nuestra capacidad de asombro, la naturalidad, simplicidad y espontaneidad; en el fluir libremente, porque todo lo que hagas con tensión, ansiedad, represión, renuncia o frustración, generará sufrimiento. El crecimiento, la evolución y el cambio son resultado de tu autoobservación, entendimiento y comprensión. Si entiendes que tu felicidad no depende de tu pareja sino de ti mismo, serás libre.

En ese momento, aprovecharás todas las oportunidades que tengas para compartir el tiempo con tu pareja de la mejor manera, sin reproches, sin temores y evolucionar y realizarte como ser humano y dejarás que aquel ser al que amas también alcance su propia realización. Cuando comienzo a disfrutar de todas las cosas, esté o no mi pareja conmigo, diré que estoy libre de apegos, feliz con esta frase que antes parece imposible de creer: *Te amo, pero soy feliz sin ti*.

Beneficios de la meditación

- *Contribuye a tu salud*

Científicamente está comprobado que las personas que meditan experimentan efectos positivos en su salud, como alivio del estrés y baja de la presión sanguínea.

Las ondas cerebrales son producidas por la actividad eléctrica del cerebro; cambian su frecuencia de acuerdo con su actividad nerviosa, relacionada con los estados mentales de la persona y de su consciencia. Estas ondas pueden medirse con electroencefalograma, que es un instrumento electrónico sensitivo. La frecuencia de estas ondas eléctricas se registran en ciclos por segundo o en Hz. Midiendo las ondas del cerebro, observamos que nuestros estados mentales se clasifican en cuatro categorías generales: beta, alpha, theta y delta.

Las ondas beta están asociadas con la consciencia ordinaria y lineal, y el pensamiento continuo. Es el estado en que te encuentras despierto, desarrollando tus actividades.

Las ondas alpha son producidas cuando la mente se mueve del mundo exterior al interior, como cuando cierras tus ojos y a respiras profundo.

Las ondas theta están asociadas con el sueño y los estados de creatividad.

Las ondas delta son producidas en estados de sueño profundo y tranquilo.

Tan pronto como la frecuencia de las ondas bajan, también lo hará todo el proceso natural del cuerpo, controlado por el cerebro, como el ritmo cardíaco, la presión de la sangre, la temperatura del cuerpo, el ritmo de la respiración y la tensión muscular. En muy corto tiempo, una relajación más profunda será el resultado o la respuesta.

Con un electroencefalograma, se ha comprobado que la actividad cerebral durante la meditación puede pasar de ondas beta (actividad normal, de 30-13 Hz) a ondas alfa, donde estarás en estado de relajación y calma (13-8 Hz). En una meditación más profunda, se registran ondas theta, alcanzando estados de relajación profundos y de creatividad y resolución de problemas (8-3.5 Hz). En meditadores muy avanzados, se detectan ondas delta, donde se siente un sueño muy profundo, sin dormir (3.5-0.5 Hz).

La meditación, entonces, te ayuda a incrementar la creatividad, la memoria, la concentración para el aprendizaje y la imaginación para resolver conflictos y problemas. Además, se han encontrado miles de casos

de sanación en personas que han incorporado la meditación a su vida diaria.

• *Despierta tu sensibilidad*
  Te hace más sensible, ya que experimentas el mundo no sólo a través de tus cinco sentidos, sino que te da
la capacidad de ser uno con el Universo, sientes que
es parte de ti. Sientes que las estrellas, el sol, la luna y
la naturaleza, con toda su magnífica belleza, no están
fuera, sino en tu interior y te fundes con ellas. Entiendes y sientes que la madre naturaleza te abraza, te aco-
ge y te regocijas en sus brazos. Cada día deja de ser un
día más, y se convierte en un nuevo despertar, lleno de
luz, magia y color, que llega con el primer rayo de luz
que trae el amanecer. Es disfrutar de cada criatura vi-
viente que encontramos en el camino. Sientes cada cosa
que sucede como una manifestación de Dios en tu corazón. Puedes ver con los ojos del corazón, adquiriendo
una dimensión más amplia y llena de alegría.

  La meditación te da la capacidad de asombrarte y
maravillarte ante una gota de rocío, con su transparencia
y bellos colores, una hoja seca que cae, un amanecer, la
sonrisa de una niña, el canto de un pájaro o el susurro
de un anciano. Esta sensibilidad te ayudará a mejorar
tu relación con todo el entorno y tu vida se llenará de
plenitud a medida que crece el amor.

  Esta sensibilidad te permitirá distraer la atención
puesta en el ser que te causaba sufrimiento y te dará el

poder de desprenderte de; disfrutarás de las cosas bellas y simples que Dios te da y quizá no apreciabas.

Te dará el poder de quitarle toda su importancia al apego que sientes por ese ser que tú creías era lo más importante, ya que dependías totalmente de él, o por las cosas materiales a las que te aferraste y convertiste en indispensables. Empezarás a darle una nueva dimensión a tu vida, cuyo centro serán esas pequeñas cosas que te llevarán a disfrutar de tu relación íntima contigo mismo, *a crecer en el amor, compartiendo sin apego con otras personas.*

Verás cómo a medida que empiezas a meditar, con tu comprensión, saldrás del estado de ansiedad e inconsciencia; te darás cuenta que todo a lo que estabas aferrado era producto de tu insensibilidad y la incapacidad para ver la vida de manera independiente. Así, reemplazarás ese apego por cosas y hábitos mejores, que te darán tranquilidad y paz interior; los recuerdos irán desapareciendo y las heridas sanando.

- *Aprendes a disfrutar del silencio*

Aislarnos en un sitio, sin hablar y sin ningún entretenimiento, es considerado como un castigo. En esos momentos, percibimos el silencio como algo negativo, desagradable o temible, que genera un gran vacío. Crecimos teniendo miedo al silencio, ya que creímos que éste es la ausencia de ruido.

Solo tómate unos minutos y evalúa cómo es tu vida y tu relación con el silencio: te levantas sin importar qué hora sea, prendes el televisor o el radio, desayunas, sales a realizar tus actividades diarias, regresas, prendes el televisor nuevamente o lees un libro o disfrutas un rato con tus hijos, te acuestas y, al día siguiente, recomienzas el ciclo. ¿Qué haces cuando sientes que no tienes una actividad o que tu mente por un momento no se ocupa en algo? ¿Te has puesto a pensar en ello? Seguramente te inventas un plan o algo que hacer, porque nunca aprendiste a neutralizar o a aquietar tu mente, para disfrutar plenamente de tu silencio interior.

Si miras a un niño, verás que en su interior hay una gran capacidad de asombro, observación, inocencia y un gran silencio; puede permanecer aislado de todo el mundo exterior por largas horas, sin importar si está llueve o hay sol. Un niño viene al mundo en su estado natural de contemplación y es un meditador puro por naturaleza. Disfruta todo lo que sucede a su alrededor y lo único que le importa es jugar y gozar con lo que lo rodea.

Cuando aprendes a disfrutar del silencio, te observas a ti mismo, logrando disociar los pensamientos de tristeza y ansiedad que te causan tanto dolor y sufrimiento. *Si aprendes a disfrutar del silencio, ya no le tendrás miedo a la soledad; por el contrario, se convertirá en tu mejor amiga.*

A través de la meditación, encontrarás cómo acallar tu mente y escuchar por primera vez la verdadera melodía de tu interior. Recuperarás aquel espacio que alguna vez conociste y disfrutaste cuando eras niño, pues has sido invadido por el ruido proveniente del exterior, que causa perturbación, inestabilidad, desasosiego, angustia o sufrimiento.

Busca diario un momento en el cual apagues tu mente, de la misma forma en que apagas el televisor, y escucha el silencio. Sólo a través de él y de tu respiración, descenderás a tu corazón y reconquistarás lo que habías perdido: tu paz interior.

Cuando la mente deja de conversar, se neutraliza y se escucha la voz del silencio, emana de modo natural la fragancia de nuestro ser, que es como el aroma de las flores: lo hueles, lo sientes, pero no puedes tocarlo. Está ahí para ti, pero no puedes olerlo.

El silencio, al igual que la soledad, son tus aliados inseparables para conducirte a una dimensión superior en la que el ego y el apego no existen.

En el Tíbet, cuando empecé el ayuno, el maestro me dijo que debía permanecer en silencio durante cuarenta días y cuarenta noches, y mi mente trató de bloquear por todos los medios el proceso que comenzaba. Muchos pensamientos llegaban a mí por segundo; mi mente estaba alborotada. No paraba de disparar miles de pensamientos y trataba de convencerme de que permanecer en silencio no era bueno para mí.

Desde luego, por primera vez, el ego sintió la amenaza de ser desenmascarado. Se alborotó por el miedo de perder el control que ejercía sobre mí, mediante pensamientos de todo tipo para que no quedara en silencio. Una vez logré hacerlo por ciertos intervalos de tiempo y empecé a sentir una felicidad y un éxtasis indescriptibles. No sentía hambre, ni frío, ni miedo y comencé a experimentar mi vida de una manera más intensa, con más pasión y alegría.

Aprendí que, a través del silencio, puedes observarte y darte cuenta de la cantidad de ideas y de falsas ilusiones mentales que nutres con angustia y miedo, producto de tu mente que te acorrala.

También, te darás cuenta de que te apegas a cosas y a personas con las que no deberías, simplemente por miedo a estar solo. El silencio te da la gran oportunidad de estar alerta y consciente, desarrollando la paciencia, la tolerancia y la compasión infinita, no sólo contigo, sino con todo lo que te rodea. Si a través del silencio entras en contacto con la naturaleza, disfrutarás de la compañía de los pájaros, los árboles, la luna, las estrellas, viendo con consciencia y disfrutando plenamente de la alegría y la dicha que de ella surgen. Cuando observas las cosas a tu alrededor y eres totalmente consciente de ellas, llega un momento que para mí es mágico, en el que puedes ver que, poco a poco, las palabras, los conceptos y las ideas desaparecen, entra en contacto con la realidad y ya nada ni nadie podrán perturbarte.

Te propongo que durante un día guardes silencio total, de preferencia en medio de la naturaleza. No hablarás con nadie; solamente verás y escucharás, pero sin decir una sola palabra. No prenderás la radio ni la televisión, no leerás, no te distraerás con nada. Te limitarás a observar tus pensamientos. Cada vez que uno de esos pensamientos te cause angustia, lo observas, lo miras, no te asocias con él, y te darás cuenta de cómo desaparece.

- *Recuperas la verdadera esencia*

A través de la meditación, experimentas el amor en tu corazón. Te vuelves más compasivo, tolerante y fluyes libremente sin tener en cuenta la situación que vives. Es muy diferente el amor que emana de tu corazón que el falso amor que nace de tu mente y te causa tanta dependencia y sufrimiento.

La mayoría de las personas pasan toda su vida buscando el amor ideal y no lo encuentran, o fingen vivir rodeados del supuesto amor y se desgastan y sufren al tratar de mantenerlo vivo. Buscan convertir, a como dé lugar, ese amor en algo eterno, ha nacido de la mente. ¿Cómo convertir este amor en algo eterno, si lo has manufacturado y creado en el tiempo y el espacio de tu mente? Todo lo que es creado por tu mente es superficial, cambiante y finito; no tiene vida propia. La mente tiene el poder de crear el amor falso, del cual nace el apego afectivo. Lo que la gente no entiende es que el amor ideal, el amor verdadero y eterno que tanto anhelan, no lo encontrarán jamásen un ser humano ni en ninguna cosa material. La única forma de experimentar el amor eterno y verdadero es conectándote, a través de la meditación, con el centro de tu ser, que para mí es Dios. El amor emana de la meditación y ese amor que sentirás es diferente a todo lo que has sentido en la vida.

Si logras encontrar ese amor con el que viniste originalmente a este mundo y del que te regocijaste cuando eras pequeño, tu relación con tu entorno cambiará drásticamente y, desde ese momento, las relaciones con tus seres queridos y tu pareja serán mucho más amorosas y totalmente diferentes, libres, incondicionales y espontáneas. Este amor no puede controlarse, manipularse ni dirigirse hacia alguien en especial, simplemente estás en el amor puro, en tu consciencia. Es del que han hablado todos nuestros maestros a través de la historia, incluido Jesús.

Cuando descubres este amor verdadero, el apego afectivo que te causaba sufrimiento, angustia y celos, y confundías con el amor, desaparecerá como por arte de magia, ya que no tendrá cabida en tu corazón. Es muy diferente el amor que emana de tu corazón al temor creado por tu mente.

- *Podrás finalmente ser libre*

Si existe algo que te produce mucho placer y desaparece, se convierte en un gran sufrimiento. Al sentir placer brindado por otro ser humano, jamás serás libre, ya que siempre querrás poseerlo; entonces, eso que tú llamas felicidad nunca podrá darte libertad, sino que te encarcelará.

Cuando tu relación se basa en el condicionamiento, la manipulación, la búsqueda de aprobación o reconocimiento, no es sana ni puede producir paz interior, porque tu supuesta felicidad depende de otra persona. Depender de alguien jamás podrá darte libertad y tranquilidad, ya que al separarte de ella, sentirás un gran vacío. Comenzarás a sentirte completo únicamente cuando estás con esa persona. Vivirás momentos en que te sentirás lleno y otros en que te sentirás vacío. Entonces, llegará el momento de preguntarte si existe alguna manera de nunca sentirte solo y nunca sufrir.

Sólo a través de la meditación tendrás la oportunidad de liberarte de las cadenas que no te dejan disfrutar realmente de la vida y te generan una gran dependencia emocional.

- *Disfrutas naturalmente de tu soledad*

La meditación te da el poder de disfrutar plenamente de estar solo. En ese momento, no dependerás de nada ni de nadie del exterior. A este proceso no podrás llevar a nadie que te acompañe; es un proceso individual, un encuentro maravilloso en silencio con ese espacio sagrado y vacío que está en tu interior. Es un encuentro real con tu propio ser, donde encontrarás la luz resplandeciente de Dios en tu corazón.

La primera vez que realices ese viaje interior y te encuentres cara a cara con tu soledad y tu silencio absoluto, te sentirás tan asombrado que no sabrás si lo que sientes es realidad o fantasía. Sólo puedo asegurarte que después de entrar en contacto con esta soledad, tu vida cambiará por completo, porque descubrirás que, tan pronto exploras tu interior, se rompen todos los lazos, cadenas y conexiones que existen con tu mundo exterior y, así, cuando vuelvas a él y veas la soledad causada por la ausencia de un ser querido, ya no te perturbará y la verás en forma diferente, sin que te cause dependencia. Por lo tanto, el miedo y la angustia a estar solo desaparecerán. En ese momento, entiendes que naciste solo, morirás solo y trascenderás solo.

Es como si en una cirugía te sacan el corazón y lo conectan a diferentes máquinas para mantenerlo vivo. Está fuera de ti y aunque no se llena con lo que las máquinas le dan, se mantiene latiendo, pero cuando regresa a tu cuerpo, su espacio original, su ambiente natural, encontrará la total plenitud y latirá con todas sus fuerzas.

Entenderás que tus seres queridos están a tu lado por tiempo limitado y tú no lo controlas por más que quieras. La soledad te hace entender que no puedes guardar ni atesorar el tiempo para un futuro próximo, y debes disfrutar y aprovechar plenamente tu tiempo para compartirlo con tus seres queridos.

- *Verás de manera nítida y transparente*

Cuando no controlas tu mente, ella te esclaviza y hace sufrir, es hábil, diestra, pero carece de consciencia. Es como si le entregaras el control de tu vida a un piloto automático. La mente carece de originalidad, creatividad e imaginación; simplemente, repite y afirma los mismos pensamientos que te hacen vivir una vida rutinaria sin ningún incentivo, innovación o cambio.

Cuando vives tu vida de modo inconsciente, a través del condicionamiento con el que nos criaron, estás atontado, no eres inteligente, no crees en ti mismo, no vives para ti mismo, sino para los demás y, ante los problemas, reaccionas de acuerdo con soluciones preestablecidas que aplicas como si fueras una computadora. Cuando a través de la meditación destruyes todo el condicionamiento y la programación con la que tus padres y la sociedad te educaron, ves con nitidez y, en lugar de reaccionar, actúas con consciencia de acuerdo con las diferentes situaciones. Ya tus soluciones no provendrán de los demás, sino que emanarán del centro de tu ser que te da una visión general, individual y auténtica.

La mente es muy celosa, le gusta la aprobación y el elogio de tu pareja; cuando siente que pierde el control, chantajea a la otra persona, ya sea haciendo el papel de víctima o de victimario, para que esa persona se sienta culpable o insensible. A través de la meditación, puedes reflexionar, evaluar y observar si realmente estás enfadado con tu pareja. Si es así, significa que la mente te juega una mala pasada, te engaña y tú reaccionas y actúas de manera incorrecta. Debes mirar a través del enfado; no analizar el porqué de él, ni lo que lo causó, ya que la mente comenzaría a pensar. Simplemente obsérvalo y verás que así como llega se va. Déjalo fluir y no le prestes importancia.

- *Sentirás gratitud y alegría desbordante*

La mente se concentra en tener y busca las cosas malas que le han sucedido, sin apreciar ni agradecer las buenas de la vida, porque siempre quiere poseer más y se compara continuamente con lo que otros tienen.

Pensar de modo negativo en lo que no se tiene, lleva a la mente a vibrar en frecuencias muy bajas o en estados de consciencia inferiores, donde reina la tristeza, la culpa, la ansiedad y la depresión. Por otro lado, la alegría creada por tu mente y experimentada a través de tus sentidos es pasajera, ya que siempre depende de un factor externo que en algún momento desaparecerá.

La meditación te lleva a apreciar tu vida desde una perspectiva de abundancia y gratitud por todo lo que tienes, y deja que lo demás fluya y lleve su curso. Comienzas a disfrutar plenamente, con alegría, de talentos, dones y cualidades. Esta alegría es desbordante, emana del centro de tu ser, se manifiesta sin una razón específica, es permanente y no necesitas de nada ni de nadie para experimentarla, incluso de aquel ser humano de quien creías necesitar para estar alegre. Esta alegría no puede apagarse, pase lo que pase, siempre estará ahí, no importa en qué circunstancias te encuentres: incluso en tu lecho de muerte continuará a tu lado, acompañándote. Esta alegría es liberadora, transformadora y te da independencia afectiva.

Si nunca has meditado, jamás entenderás esta alegría y por más que uses tu lógica y tu raciocinio, no la comprenderás, ya que está más allá de los límites de tu mente.

- *Compartirás amorosamente*

La meditación te lleva a un estado tan elevado de consciencia que encuentras, en el fondo de tu corazón, el amor que se funde con la alegría desbordante que emana de tu ser y hace que realmente tu espíritu te lleve a *compartir amorosamente*, a trascender, dejar y entender el verdadero sentido de tu vida. Entenderás que el amor no es apego, deseo, necesidad, placer, ya que todo esto proviene de las mismas fuentes: cuerpo y mente. En cambio, compartir amorosamente emana de tu espíritu. Por eso, es la fuente inagotable del amor, ya que cuanto más das, más gozo, dicha y felicidad experimentas. El dar sin esperar nada a cambio[3] es el alimento del espíritu. Si das para recibir, no estás dando, sino prestando y caes en la trampa mortal de tu mente, que siempre estará tratando de encadenar tu espíritu.

El camino a la meditación

La meditación es algo delicioso y divertido, que está más allá de la mente y sólo al tomarla como algo divertido, podrás acelerar su proceso. No la consideres una meta porque cuanto más trates de alcanzarla, más se alejará de ti. Deja que fluya, goza los momentos, tómala como un juego.

Debes tener en cuenta que en la meditación, al igual que en todas las artes, debes buscar un sutil y delicado equilibrio entre la atención y la relajación; permanecer alerta, pero tan relajado, que ni siquiera pienses en la idea de relajación. Este es el punto esencial para la visión durante la meditación.

3   En el libro *Volver a lo básico*, el autor desarrolla este aspecto en el capítulo "Dar sin esperar recibir", pp. 167 a 192.

Cuando comienzas a meditar, sientes que tus pensamientos se hacen más repetitivos, fuertes e impactantes. En ese momento, debes tranquilizarte, ya que, contrario a lo que crees, te has vuelto más sereno y más tranquilo, pues tienes más consciencia y entiendes lo bulliciosos y ruidosos que fueron siempre tus pensamientos. Antes, tenías los mismos pensamientos, pero como eran inconscientes, no te dabas cuenta de que existían. Cuando esto te suceda, no te desanimes y, pase lo que pase, continúa observando tu respiración, incluso en medio de toda la confusión que crees tener. Verás que ese tornado que nubla tu mente va perdiendo fuerza hasta convertirse en aire fresco y tranquilo.

Cuando observas tus pensamientos, verás que entre el pensamiento que ya pasó y el pensamiento futuro hay un espacio, un intervalo. Intenta prolongar ese espacio para que tus pensamientos sean más lentos. Si adquieres el hábito de observarlos y no te asocias con ellos, el espacio entre estos pensamientos se incrementará. En eso tan simple consiste el arte de la meditación, el arte maravilloso de ser consciente, de estar despierto, alegre, juguetón, relajado y tranquilo.

La meditación te lleva a experimentar el mundo desde una posición más alta y una visión más nítida, llevándote de vuelta a tu consciencia, cuando caigas en tu inconsciencia; al mismo tiempo, te deja disfrutar plenamente tanto los momentos de consciencia como los de inconsciencia.

La práctica de la meditación

Para comenzar a meditar, hay varias opciones. Puedes hacerlo con uno o varios maestros que te guíen y te den las herramientas esenciales; después, elegir cómo modificar o adaptar esas técnicas para hacer tu propia meditación, ya que cada ser humano es un universo diferente que actúa y reacciona, según su sistema de creencias; o comenzar tu camino de investigación, adquirir el conocimiento, experimentarlo y procesarlo e, individualmente, seguir el camino hacia tu interior.

Independientemente de que tengas o no un maestro, lo que te llevará a conocerte a ti mismo y a experimentar el placer supremo de estar consciente, tranquilo, alerta y sereno es la práctica diaria, aunque comiences con unos pocos minutos al amanecer. Es un proceso que cada uno debe experimentar; no existe un manual, compendio ni fórmula mágica para que esto suceda.

Lo más importante es que, pase lo que pase, no debes suspender el camino iniciado. A través de tu vida, te encontrarás con falsos maestros, fanáticos de religiones o sectas que tratarán de llevarte por todos los medios a ver el mundo como lo ven ellos, para que los sigas o sigas su doctrina, y te harán creer que, si te sales de ahí, bandonarás el camino correcto. *En este camino de la meditación, no tienes que adorar, ni venerar, ni rendirle pleitesía a ningún ser humano.* Simplemente, de cada gurú, maestro, libro o técnica que aprendas, lo importante es que saques lo mejor, para que lo apliques en tu propia meditación diaria y logres tu equilibrio entre cuerpo, mente y espíritu.

Si la técnica que desarrollas para meditar te hace sentir mal, sientes estrés, angustia o ansiedad, significa que no es la adecuada para ti, aunque quizá lo sea para otra persona. Por eso, no puedes juzgar a priori y criticar enseñanzas ancestrales y modernas por el simple hecho de que no te dieron resultado.

Cuando comiences una meditación, debes darte tiempo y espacio suficientes para experimentarla, procesarla, digerirla y evaluarla. Si después de 40 días de trabajar a diario con esa meditación no te sientes cómodo, busca otra técnica, u otro maestro. El camino espectacular hacia el interior de tu ser está lleno de sorpresas y experiencias. Tendrás experiencias agradables y desagradables, pero no importa cómo sean, lo único importante es que disfrutes plenamente cada paso, sin afán, sin tensión, sin juicio previo ni expectativas. Nada más sé consciente.

Entre tantas cosas que he visto alrededor de este tema, hay dos obstáculos muy grandes que pueden entorpecer tu camino. Uno de ellos es el ego que, en su afán de llegar rápidamente a una meta para tener y poseer, te llevará a no gozar y estar intranquilo y triste; por otro lado, tu mente te pondrá todo tipo de trampas en el camino, para que caigas nuevamente en la inconsciencia. La meditación desarrolla tu intuición y tu sexto sentido, aliados que te acompañarán y te guiarán cuando el ego y la mente traten de confundirte y hacerte regresar o salir del camino.

Hay personas que practican la meditación como si fuera su tabla de salvación y cuando logran salir del dolor, la pena, la depresión o el sufrimiento, la abandonan y no vuelven a practicarla, y regresan al mundo de la inconsciencia. Debes entender que la meditación debe formar parte de tu estilo de vida, ya que tiene la misma importancia que comer, beber, respirar y dormir.

En mis viajes a Oriente, tuve la oportunidad de conocer cientos de personas que después de sufrir una desilusión amorosa o una pérdida material trataban de escapar de su fuente de apego, refugiándose en un monasterio, aislados del ruido, del bullicio, de la gente y de la vida. Mientras permanecían allí, creían conseguir la paz interior y la tranquilidad, pero tan pronto regresaban a sus lugares de origen y entraban en contacto con ese ser del que creían haberse desprendido y liberado o con la realidad de la que habían escapado, caían de nuevo en su inconsciencia y se daban cuenta de que lo único que habían hecho era engañarse, porque cayeron en la trampa fantasiosa de la mente y no lograron trascender el estado de inconsciencia del ego. No tienes que irte a Oriente, ni a ningún lugar aislado del mundo, para liberarte de tus apegos, ya que lo que te encadena, amarra y hace sufrir siempre irá contigo al lugar que tú escojas, está en tu mente y ella siempre irá unida a tu cuerpo.

Esto me recuerda la historia de un discípulo que le preguntó a su maestro: "¿Cómo no perturbarme y sufrir por tanta violencia y ruido que hay en la plaza del pue-

*blo cuando voy a comprar los víveres del monasterio?"
El maestro le contestó: "¿Por qué te preocupa eso cuando
tu hogar está aquí?" El discípulo le contestó: "Quiero
que todos los hombres conozcan la paz." El maestro le
contestó: "Está escrito en el Tao Te Ching: Bajo el cielo,
todos pueden ver la belleza como belleza, sólo porque hay
fealdad. Todos pueden conocer el bien como bien, sólo
porque hay maldad. Por lo tanto, tener y no tener nacen
juntos. Lo difícil y lo fácil se complementan. Lo alto y
lo bajo se apoyan entre sí. El frente y lo trasero se siguen
mutuamente." El discípulo le dijo: "Pero, maestro, ¿no
queremos que todos conozcan nuestra paz, nuestra dicha?"
El maestro le contestó: "¿Harías de todo el mundo un
templo? Sé como el Sol y lo que esté dentro de ti calentará
la Tierra. Tienes que buscar en tu interior. Está escrito:
convierte el barro en una vasija. Es el espacio de adentro
lo que le da valor. Pon puertas y ventanas en una casa;
es abrirlas lo que deja entrar la luz. Ponle radios a una
rueda; es el hueco del medio lo que las hace útiles. Por lo
tanto, sé el espacio en el centro, no seas nada, y tendrás
todo para darles a los demás."*

Existen innumerables técnicas, y maneras de meditar.
Desde estáticas hasta por entero dinámicas. Han sido el
resultado de cientos de buscadores espirituales, al tratar
de darle un sentido a su vida y lograr la tan anhelada
paz interior. Cada una de estas meditaciones puede ser-
virte y a través de tu experimentación sabrás cuál es la
adecuada.

Debes tener en cuenta que, antes de a experimentar cualquier técnica, debes entenderla bien, porque por simple que sea alguna, removerá en ti todas tus emociones y sentimientos, y si no sabes observarlos, pueden causarte inconvenientes.

Cuando comienzas a meditar, son necesarios tu esfuerzo y tu atención; pero si logras llegar a la meta, el esfuerzo desaparece y todo se vuelve simple, natural y fácil; ya no lo necesitarás, ya no tendrás que hacer nada porque todo empezará a fluir. Es tan simple como sentarte y no hacer nada.

Te voy a dar consejos útiles y tres técnicas en caso de que decidas incorporar la meditación a tu vida diaria. Estas técnicas son las más sencillas; con ellas, puedes iniciar tu camino hacia el interior. Escoge una de ellas y practícala durante 40 días. Si te sientes cómodo, sigue adelante por unos meses más. Cuando encuentres la técnica adecuada para ti lo sentirás, tendrás una conexión inexplicable con ella y, una vez sientas esto, no sueltes esa técnica, insiste con ella durante mucho tiempo.

Si no te sientes cómodo con ninguna ellas, investiga. Hay gurús, maestros y libros que pueden guiarte. Con toda seguridad, una vez iniciado tu camino, encontrarás miles de maneras de recorrerlo. De ti depende qué tanto profundizas y hasta dónde llegas.

Yo llevo más de 35 años en este camino, y aún continúo investigando, recorriendo, aprendiendo y disfrutando. Lo más importante es que dado el primer paso, no regreses al punto de partida, por más frustrado que te sientas al comienzo. La meditación debe ser algo que te acompañe el resto de tu vida. Tu compromiso desde el mismo instante en que comiences es dedicarte mínimo una hora diaria, sea en la mañana o en la noche. Esto debe volverse parte de tu rutina diaria.

Por más triste o angustiado que te encuentres en este momento, te recomiendo hacer un alto en el camino y probar alguna de las técnicas que aparecen a continuación. Debes tranquilizarte, y creer que hay una luz al final del túnel, pero ese camino hacia la iluminación debes recorrerlo tú solo.

- **Primera técnica:** *Abriendo las puertas de tu corazón*
Aún recuerdo que al subirme a aquel árbol de pino silvestre, en el bosque de mi colegio, y acomodarme en aquella rama en forma de Y, llegaba agitado. Me recostaba plácidamente y ponía las manos sobre mi vientre y comenzaba a inhalar profundamente, ya que me gustaba mucho el olor del bosque y en especial del pino. Me quedaba allí recostado horas enteras, esperando a que el castigo que mi profesor me había impuesto se acabara y observaba cómo mis manos subían y bajaban al ritmo de mi respiración. Aún recuerdo esos momentos vívidamente y me llenan de paz y tranquilidad.

Para sorpresa mía, después de muchos años de meditar, uno de mis maestros en Oriente me dio una de las técnicas más poderosas. Recuerdo que me llevó a un sitio en la naturaleza y me dijo que me recostara hasta sentirme totalmente cómodo. Cuando comencé a realizar esa meditación, de inmediato regresé a mi pino silvestre en el colegio. No podía creer lo que este maestro me enseñó. Esta técnica era la misma que yo utilicé instintivamente cuando apenas tenía nueve años, y me acompañó durante gran parte de mi vida.

Quiero compartir con ustedes esta meditación que he utilizado y complementado a través de toda mi vida. Me ha dado a mí y a muchos seres humanos resultados maravillosos.

La clave es entrar con la mente totalmente abierta, sin expectativas y sin esperar nada. Ésta fue para mí la técnica matriz, a la cual le he ido adicionando otras meditaciones y otras técnicas, y nunca chocará con otra, ya que su raíz es la respiración, base de toda meditación.

Duración: 45 minutos

Busca un lugar cómodo, preferiblemente en medio de la naturaleza, donde te recostarás plácidamente. Encuentra una posición en la que puedas apoyar tus codos sobre el suelo y entrelazar tus manos, colocándolas encima de tu vientre, a la altura del ombligo. Una vez te sientas cómodo, cierra los ojos.

Lo más importante es observar y tener consciencia cada vez que respiras. Vas a realizar una respiración que se maneja desde el vientre, no desde el pecho, de tal manera que cuando el aire que inhalas por tu nariz entra en tu vientre, éste comienza a expandirse, y cuando exhalas por tu nariz, tu vientre vuelve a contraerse. Toma consciencia de cómo tus manos suben y bajan a medida que inhalas y exhalas, cómo tu vientre sube y baja.

A medida que observas tu respiración, se sucederán muchos pensamientos, emociones, sentimientos, sensaciones o ruidos del exterior. Cuando esto suceda, obsérvalos, no te asocies, ni te perturbes, ni trates de solucionar lo que tu mente te envía. Sólo deja que fluya y vuelve a observar conscientemente tu respiración. Esto se repetirá durante toda la meditación. No te preocupes ni intentes concentrarte o luchar contra esos pensamientos, porque te debilitarás y tensionarás más. Simplemente, continúa observando alerta y consciente.

A medida que practiques esta meditación, tu mente se tranquiliza y silencia. Tus sentimientos y emociones se aquietarán y tu corazón comenzará a latir alegre y contento. El ego y el apego comenzarán a desaparecer. Nada más espera en silencio, abriendo las puertas de tu corazón a ese gran momento de paz, luz y dicha que llegará en el instante que menos imagines.

• **Segunda técnica:** *Paz y amor desbordante en tu corazón*
Muchas veces, los pensamientos que pasan por tu mente son tan intensos y repetitivos que mientras meditas no existe un sólo lapso de tiempo de silencio entre un pensamiento y otro. Tu mente es completamente bulliciosa y sientes que no puedes acallarla ni siquiera por unos segundos. En este momento, te recomiendo practicar una técnica antigua, simple y eficiente, que es la meditación contemplativa.

Esta meditación puede durar entre 20 y 40 minutos, dependiendo del tiempo del que dispongas. Debes desconectarte de cualquier tensión, no tener nada pendiente por realizar durante este tiempo. Si quieres, pon una alarma musical de tono suave que te indique que el tiempo planeado para la meditación terminó, ya que así estarás totalmente relajado sin pensar en que se te hace tarde.

Lo primero es buscar un sitio cómodo, de preferencia en contacto con la naturaleza. En caso de no tenerlo a la mano, recurre a tu habitación, pero desconecta y aleja todas las cosas que te puedan distraer, como el teléfono, los timbres o las personas que puedan interrumpirte. Encuenta una posición cómoda y natural para ti, sentado o recostado. En la posición que escojas, no debes tensionar ni sentir incomodidad en ninguna parte de tu cuerpo. Lo importante es tener la espalda recta. Puedes poner una música de fondo muy suave y lenta que te guste y te haga sentir bien.

Una vez en la posición adecuada, cierra los ojos y busca entre tus recuerdos un sitio natural en el que te hayas sentido tranquilo, alegre o relajado. Trae esta imagen mental, en medio de tus cejas y contempla con detenimiento las diferentes imágenes visuales de ese sitio. Mientras inhalas y exhalas lentamente, contempla cómo son los colores, la luz, el paisaje, las formas, los tamaños y las sombras. A continuación, trata de percibir el olor que había en ese sitio, del aire, del pasto, las flores, las plantas, la tierra, etcétera. Continúa inhalando y exhalando y trata de escuchar qué tipo de sonidos había, como el canto de los pájaros, la lluvia, el viento, el agua corriendo, los animales, del ambiente, en general. Con tus manos, imagina que tocas las diferentes texturas de ese sitio. Puedes sentir la aspereza, la suavidad, el calor, el frío, la humedad, etcétera, del lugar que aprecias. Trata de ver cada vez más y más detalles de ese sitio. Conviértete en un observador consciente y alerta de cada detalle que aparezca. Experimenta la paz y la tranquilidad que había en aquel sitio en ese momento.

Habrá momentos de tu meditación en que tu mente se disperse y te saque de tu estado de contemplación y trata de bombardearte con pensamientos distractores; obsérvalos, déjalos pasar y vuelve a donde estabas. No te asocies con ellos, deja que pasen. Llegará un instante en que tu mente finalmente se suelte y se relaje, y en ese momento mágico, experimentarás la paz interior que emana naturalmente de ese estado superior de consciencia y el verdadero amor brotará de tu corazón.

No te desanimes si no logras tu objetivo en las primeras meditaciones. Si perseveras con constancia y dedicación, verás en breve tiempo que el espacio entre un pensamiento distractor y otro empieza a distanciarse y, poco a poco, irás fluyendo naturalmente de tu esencia pura que es el estado de consciencia donde el verdadero amor reina. Si no te resistes, esa corriente te llevará a un estado de bienestar y paz interior total, para que después de tu meditación vivas tu día intensamente, llevando toda esa energía en tu corazón.

• **Tercera técnica:** *Meditación dinámica*

Hay personas que prefieren la actividad porque posiblemente les cuesta mucho trabajo quedarse quietos por tiempo prolongado. Entonces, considero que esta meditación puede ser adecuada para todas las personas que, habiendo practicado meditaciones estáticas, no les dieron resultado, o para las que definitivamente prefieren arrancar una meditación que involucre movimiento del cuerpo.

Esta meditación puede durar entre 20 o 30 minutos. Escoge ropa y zapatos de hacer ejercicio (también puedes realizarla descalzo). Busca un sitio rodeado de naturaleza y en espacio abierto. Si no lo consigues, puedes hacerlo en una habitación amplia o en cualquier sitio con suficiente espacio.

Esta meditación consiste en que camines de manera normal, pero lenta, alerta y consciente de todas las acciones que involucren tu cuerpo, tu mente y tu corazón. Al caminar, sé consciente de tu respiración y observa con plena consciencia, cómo tu pie recibe la orden mental para levantarse y empezar a caminar, y concéntrate en el momento en que tus pies toquen el suelo. Mientras realizas esto, pensamientos, emociones y sentimientos variados llegarán a tu mente; no luches contra ellos, préstales atención, obsérvalos, sé un testigo silencioso, no te asocies con ellos y centra toda tu atención en tus pies.

Esta meditación no es una focalización ni una concentración profunda. Es un proceso de observación permanente en que lo importante y significativo es el proceso natural de contemplar lo que sucede a tu alrededor, no lo que observas.

El servicio como terapia

Al incluir la visualización creativa y la meditación en tu vida, da un paso gigantesco en esa búsqueda de la verdadera paz interior. *Además de la meditación, incluye el servicio amoroso* sin esperar nada a cambio, ya que esto será lo que potencializará todo tu trabajo interior y le dará un sentido real a tu vida. Es la herramienta más silenciosa pero más poderosa y la que nutre y fortalece todo el proceso de desprendimiento y liberación, pues cuando sirves, tu espíritu se regocija, vibra de emoción y deja huella en tu corazón y en el de los demás.

Cuando das la mano a un ser humano indefenso que necesita de tu ayuda, en tu cerebro se genera una reacción química en la cual liberas serotonina. Esto quiere decir que, a través del servicio, la velocidad de propagación de la onda en el cerebro aumenta su frecuencia y su intensidad, haciendo que la energía se incremente y, por ende, la depresión disminuya.

Al terminar un ciclo de conferencias para padres, maestros e hijos, se me acercó un padre de familia y me preguntó que si a la jornada de la campaña Brochazos de Amor, que realizaríamos el fin de semana siguiente en Jamundí, podía ir con su familia y escoltas, ya que temía por su seguridad personal. Le dije que me parecía interesante que asistieran, pero que los escoltas, en vez de llevar ametralladoras y pistolas, llevaran, como todos los demás, brochas, rodillos y pintura, para que también pintaran los tugurios del barrio. Llegó el día esperado y, al azar, asignamos las casas que pintar. La dueña del rancho de cartón y lata que le tocó a él y su familia, en un gesto de agradecimiento por lo que hacían en su casa, trajo diez cervezas fiadas de una tienda para repartirlas. El hijo de quince años del señor se tomó toda la cerveza de un sorbo, porque tenía mucha sed y hacía calor. Su papá, extrañado y asombrado al ver que el muchacho se había tomado esa cerveza sin permiso, le dijo: "Tú solamente tienes quince años; no deberías haberte tomado esa cerveza, ya que puedes emborracharte y perder el control." Esa tarde, pintaron la casa y compartieron felices con la anciana dueña de la casa y con sus nietos.

Al terminar la jornada, y de regreso al sitio donde había dejado los carros, el hijo le dijo a su papá y su mamá que quería hablar con ellos en privado. Su padre, muy sonriente, me dijo: "Lo que pasa es que está 'prendido' porque se tomó una cerveza de un sólo golpe." Se quedaron hablando, y yo seguí caminando con el resto del grupo.

Minutos más tarde, regresaron sus padres, con sus rostros transfigurados y llorando. Con voz entrecortada, el papá me dijo: "Papá Jaime, yo no soy llorón, pero lo que me acaba de contar mi hijo me rompió el corazón." Le pregunté: "¿Qué pasó?" Y me contestó: "Mi hijo me dijo: papá, tú estabas muy preocupado e hiciste un escándalo porque me tomé una cerveza. Quiero decirte algo que quizá nunca te hubiera contado, si no hubiéramos venido aquí. Hace dos años, mi mejor amigo me quitó a mi novia, a quien amaba locamente, y todos mis amigos se burlaron de mí. Para escapar de la tristeza y la depresión, conocí el mundo del vicio, el licor y las drogas. Incluso, intenté suicidarme. Hasta el día de hoy, yo no le había encontrado sentido a mi vida y nada ni nadie me había hecho sentir esta sensación de plenitud total. Siento que el vacío que llevaba durante estos dos años fue llenado por toda la alegría que sentí al ayudar a estas personas. Papá, estaba dormido, y hoy desperté. Sólo pensaba en el alcohol, la droga y en chatear por internet. He tomado la elección de que, a partir de hoy, jamás volveré a caer en las garras del vicio. Gracias por haberme traído acá, porque encontré que había gente que vivía mejor que nosotros a pesar de su extrema pobreza."

El servicio, además de ser una herramienta espiritual que te hace evolucionar, trascender y dejar huella, tiene un gran poder terapéutico y sanador, ya que ayuda a quien recibe el servicio y a quien lo otorga. Está comprobado que las personas que sirven a los demás sin esperar nada a cambio son mucho más felices que quienes no lo hacen.

Es la razón por la cual, dentro de tu plan de acción te propongo realizar un acto de amor diario. ¿Qué es un acto de amor diario? Es dar lo mejor de ti cuando se presente la oportunidad, sin esperar el reconocimiento ni la aprobación de la gente a tu alrededor. Puedes utilizar tu imaginación y creatividad para realizar estos actos de amor; pueden ser desde una invitación a compartir un chocolate y un pan con quien tiene hambre o brindar una palabra reconfortante a quien sufre, hasta actos de gran compromiso y nobleza en que, arriesgando todo, des lo mejor de tu corazón.

Tal vez, a ti nadie te conoce en este mundo, pero para ese ser humano a quien le brindas amor y ayuda, eres todo su mundo. En el momento en que actúas y compartes amorosamente, no sólo impactas el mundo de otros, sino que instantáneamente tu mundo se eleva a una dimensión más alta, donde encontrarás el verdadero sentido de la vida y tu espíritu se regocijará en la dicha total.

Celebra la vida

*No puedes evitar que la tristeza y el miedo vuelen
a tu alrededor, pero sí que construyan
con tu cabello nidos en tu cabeza.*

Las herramientas que te he dado no servirán de nada si te limitas a planificar, calcular y evaluar cómo las aplicarás en tu vida, ya que un *propósito sin acción es una ilusión*. Muchas personas, ante los problemas, se vuelven víctimas de la parálisis y desperdician horas, días y años, analizando el momento adecuado para adoptar acciones y dar el paso decisivo. Mientras lo análizan, la vida continúa y se desperdician momentos valiosos, pues se quedan esperando el momento adecuado para actuar.

Para iniciar este nuevo camino, debes ir ligero de equipaje; suelta lo que te pesa tanto. Lo que hace más pesado tu equipaje es vivir en el pasado y mantener la esperanza de que todo volverá a ser como antes; lo único que te paraliza y te impide actuar es el miedo, sobre todo a la soledad, al fracaso y a no volver a amar nunca a nadie o a no encontrar quién te ame.

Todo lo vivido hasta hoy es parte de tu pasado y no volverá. Por eso, lo que has vivido hasta hoy no lo veas como un problema o una desgracia, sino como una oportunidad que te ha mandado Dios para evolucionar y aprender. Debes aceptar con humildad y comprender que lo único que puedes cambiar es tu interior.

No malgastes tiempo buscando respuestas al porqué de lo que sucedió, mira hacia arriba y busca el para qué de esas experiencias, ya que darán sabiduría para no regresar a inconsciencia.

Si tienes consciencia plena de todo lo que sucede en tu interior y decides tomar acciones concretas, a pesar del dolor que sentiste porque las cosas no sucedieron como esperabas, podrás desprenderte y liberarte del miedo que te paraliza, te hace dudar y no te deja actuar.

Debemos dejar de vivir apegados y llenos de miedo a perder la supuesta comodidad y seguridad, porque la verdad es que no hay nada seguro en esta vida. Lo único que te llevarás contigo al morir será el amor, y lo que hayas hecho por los demás, lo cual te inmortalizará, ya que todas las cosas se quedarán aquí.

La evolución alcanzada sobre tu consciencia te permitirá llegar a un estado superior, donde celebrarás apreciando cada instante u ocasión que la vida te da.

La vida en sí misma es algo maravilloso; es la manifestación máxima de la existencia de Dios y del amor. El arte de vivir plenamente consiste en disfrutar las pequeñas y sencillas cosas que Dios y la vida nos dan a cada instante, ya que, viviendo en el presente, tienes la oportunidad de apreciar, disfrutar y celebrar con intensidad tu vida.

Si hoy eliges conscientemente y tienes el coraje de cambiar, abrirás tus alas y volarás tan alto que el cielo será pequeño para ti.

En una ocasión, cuatro semillas fueron arrojadas en un sitio muy rocoso e inhóspito, donde el viento, el sol, la lluvia y las tormentas eran muy fuertes. Dos de ellas creyeron que si se quedaban quietas dentro de su caparazón, estarían protegidas y cómodas, ya que no tendrían que sufrir las inclemencias del tiempo; las otras dos decidieron enterrarse en la oscuridad, sin importar el frío, la humedad y el miedo que tuvieran que soportar con tal de llegar a ser lo que estaban destinadas. Las dos primeras semillas, con el tiempo, poco a poco se fueron resquebrajando, agrietando y secando, mientras que, envidiosas, miraban a sus dos amigas, que se convirtieron en dos hermosas plantas, llenas de flores que, con su aroma, fragancia y dulzura, inundaron el campo. Ellas veían cómo sus compañeras se abrazaban y danzaban felices con el viento, el aire y el sol, y sentían gran tristeza al ver que por miedo, se limitaron a sobrevivir dentro de una cáscara, sin disfrutar de toda la magia, el color, la belleza y la vida que se les había brindado.

Por eso, recuerda que la cosecha que tienes hoy, buena o mala, no es importante, ya que es el resultado de lo que sembraste ayer; lo importante es que lo que hoy elijas sembrar en el jardín de tu mente sean pensamientos deliberados de amor, paz y abundancia, ya que eso será lo que atraerás a tu vida y será tu cosecha del mañana.

Debes celebrar y apreciar tu vida cada instante, y agradecer por el simple hecho de estar vivo. Cuando entiendes que la vida como tal es bella (aunque esa persona no esté a tu lado o aquello que era importante lo hayas perdido), comenzarás a celebrarla y disfrutarla plenamente.

Abre tus alas y vuela

Cuando implementes en tu vida diaria la visualización creativa, la meditación y el servicio amoroso, tu espíritu vibrará en una frecuencia más alta y te llevará a una dimensión más elevada, y lo que considerabas problemas, poco a poco dejarán de serlo y tu vida tomará otro rumbo.

Desde hoy, disfruta de las cosas pequeñas y simples, ya que la vida se basa en ellas y realiza con fuerza los cambios que necesitas para tener la vida que deseas. Existen muchas cosas que puedes realizar y te ayudarán a retomar las riendas de tu vida.

- *Atrévete a actuar.* Sé responsable de ti mismo, encuentra la misión y el propósito de tu vida, gózalo, saboréalo con tus sentidos. Autorrealización es encontrar todos los talentos naturales, dones y aptitudes que nacen espontáneamente en tu interior, sin necesidad de aprenderlos artificialmente. Al hacer eso, vendrán otras fuentes de placer y alegría, y dejarás de centrar toda tu energía en el apego, sintiéndote independiente y libre.
- *Concéntrate y disfruta lo que tienes en este momento.* Si lo entiendes, verás que es todo lo que necesitas

para ser feliz. Deja de centrar tu atención en las cosas que no tienes.

- *Valora, aprecia y agradece las cosas que te hacen sentir bien,* por pequeñas que sean. Haz una lista de las cosas buenas en tu vida y siéntete agradecido por tenerlas.

- *Explora, vive y disfruta intensamente cada instante de tu vida.* No dejes de ser tú mismo y de hacer las cosas que te gustan, por el hecho de amar a una persona.

- *Haz lo que amas y ama lo que haces.* Imprímele fe, pasión y amor a todo lo que realizas.

- *Presta atención y focalízate en las cosas lindas* que quieres atraer a tu vida y no en las feas que no deseas tener.

- *Disfruta tu soledad.* No tengas miedo a salir solo. Primero ámate a ti mismo y luego sal, explora y ama a quien llegue a tu vida.

- *Respeta y valórate a ti mismo,* sin pasar por encima de tus principios.

- *Dale a tu vida un sentido claro y natural de servicio a los demás.*

- *Ama sin condicionamientos.* No dejes que el estado de comodidad, placer, seguridad y bienestar que esa persona te brinda se vuelvan imprescindibles. Ten presente que Dios no dijo: "Ama al prójimo más que a ti mismo", sino: "Ama a los demás como a ti mismo."

- *Explora sin miedo.* El que no se arriesga pierde más que el que se arriesga. La única forma de vencer el miedo es enfrentándolo.

- *Sé autosuficiente,* no prefieras la comodidad, deja de jugar el papel de parásito y despréndete de las ataduras que no te dejan actuar espontánea y eficientemente para conseguir tus metas.

- *No te fijes en lo que has hecho, ni en lo que has logrado, sino en lo que sueñas y quieres hacer,* y así comprenderás lo que piensa tu mente y lo que siente tu corazón.

- *Adquiere el hábito de sentarte en silencio y observar con paciencia;* sólo así serás como un lago de agua pura y cristalina donde, al igual que tu consciencia, todo se puede reflejar en él y nada lo perturba.

Por más afán que tengas, el camino hacia el despertar de tu consciencia es un proceso que debes empezar de manera correcta; no puedes iniciar por el final. Es como querer tener una cosecha de maíz sin haber antes plantado la semilla. Por eso, es tan importante que trabajes estos conceptos que aquí te doy, ya que a través de la autoobservación y la disciplina diaria, se abrirán las múltiples y misteriosas puertas de la vida y de tu consciencia; esto te conducirá a encontrarte y regocijarte en el lugar más sagrado donde reside el verdadero amor, que es Dios en tu corazón.

Te amo pero soy feliz sin ti de Jaime Jaramillo
se terminó de imprimir en enero de 2017
en los talleres de
Litográfica Ingramex, S.A. de C.V.
Centeno 162-1, Col. Granjas Esmeralda, C.P. 09810
Ciudad de México.